二战经典**战役**系列丛书

血守斯大林格勒

白隼　编著

图文版

北方联合出版传媒(集团)股份有限公司

万卷出版公司

© 白隼 2018

图书在版编目（CIP）数据

血守斯大林格勒 / 白隼编著. —— 沈阳：万卷出版
公司，2018.8（2021.1重印）
（二战经典战役系列丛书）
ISBN 978-7-5470-4960-0

Ⅰ.①血… Ⅱ.①白… Ⅲ.①斯大林格勒保卫战（
1942-1943）- 史料 Ⅳ.①E512.9

中国版本图书馆CIP数据核字（2018）第124685号

出 品 人：王维良
出版发行：北方联合出版传媒（集团）股份有限公司
　　　　　万卷出版公司
　　　　　（地址：沈阳市和平区十一纬路25号　邮编：110003）
印 刷 者：华睿林（天津）印刷有限公司
经 销 者：全国新华书店
幅面尺寸：170mm×240mm
字　　数：208千字
印　　张：14.5
出版时间：2018年8月第1版
印刷时间：2021年1月第2次印刷
丛书策划：陈亚明　李文天
责任编辑：赵新楠
责任校对：张希茹
装帧设计：亓子奇
ISBN 978-7-5470-4960-0
定　　价：49.80元
联系电话：024-23284090
传　　真：024-23284448

前　言

1931 年 9 月 18 日，日本关东军在沈阳制造了九一八事变，日本帝国主义的魔爪进一步蹂躏有着五千年文明的中华大地，中国最屈辱的历史从此开始。1939 年 9 月 1 日，希特勒独裁下的德国军队闪击波兰，欧洲大地不再太平，欧洲人的血泪史从此开始书写。一年后，德国、意大利、日本三个武装到牙齿的独裁国家结盟，"轴心国"三个字由此成为恐怖、邪恶、嗜血的代名词。

德、意、日三国结盟将侵略战争推向极致。这场战争不仅旷日持久，而且影响深远。人类自有战争以来从未有过如此大规模、大杀伤力、大破坏力的合伙野蛮入侵。"轴心国"的疯狂侵略令全世界震惊。

面对强悍到无以复加的德国战车，面对日本军队疯狂的武士道自杀式攻击，被侵略民族不但没有胆怯，反而挺身而出，为了民族独立，为了世界和平，他们用一腔热血抒写不屈的抵抗，用超人的智慧和钢铁意志毫不犹豫地击碎法西斯野兽的头颅。

战役是孕育名将的土壤，而名将则让这块土壤更加肥沃。这场规模空前的世界大战，在给全世界人民带来无尽灾难的同时，也造就了军事史上几十个伟大的经典战役，而这些经典战役又孕育出永载史册的伟大军事家。如果把战役比作耀眼华贵的桂冠，那么战役中涌现出的名将则是桂冠上夺目的明珠。桂冠因明珠而生辉，明珠因桂冠而增色。

　　鉴于此，我们编辑出版了这套《二战经典战役系列丛书》。其实，编辑出版这套丛书是我们早已有之的宏愿，从选题论证、搜集资料、确定方向到编撰成稿，历经六个春秋。最终确定下来的这 20 个战役可谓经典中的经典，如历史上规模最大的海战莱特湾大战，历史上规模最大的航母绝杀，历史上规模最大、最惨烈的库尔斯克坦克绞杀战……我们经过精心比对遴选出的这些战役，个个都特色鲜明，要么让人热血沸腾，要么让人拍案叫绝，要么让人扼腕叹息，抑或兼而有之。这些战役资料的整理花费了我们相当多的时间和精力，兴奋、激动、彷徨、纠结，一言难尽。个中滋味，唯有当事人晓得。

　　20 个战役确定下来后就是内容结构的搭建问题。我们反复比对已出版的类似书籍，经过研究论证，最终形成了自己的特色。历史拐点（时间点）往往是爆发点，决定历史的走向，而在这个历史拐点上，世界上其他地方正在发生什么？相信很多人对此都会比较感兴趣。因此，我们摈弃了传统的单纯纪事本末叙述方式，采用以时间轴为主兼顾纪事本末的新颖体例。具体来说，就是在按时间叙事的同时，穿插同一时间点上其他战场在发生什么，尤其是适当地插入中国战场的情况，扩大了读者的视野。

　　本套丛书共 20 册，每册一个战役，图文并茂，具有叙事的准确性与故事的可读性，并以对话凸显人物性格和战争的激烈与残酷。每册包含几十幅精美图片，并配有极具个性的图说，以图点文，以文释图，图文相得益彰。另外，本套丛书还加入了大量的原始资料（文件、命令、讲话），并使其自然融入相关内容。这样，在可读性的基础上，这套丛书又具备了一定的史料价值，历史真实感呼之欲出，让读者朋友不由自主地产生一种穿越的幻觉。

本套丛书的宗旨是让读者朋友在轻松阅读的同时，对第二次世界大战有一个整体的认知，力求用相关人物的命令、信件、讲话帮助读者触摸真实的历史、真实的战场，真切感受浓浓的硝烟、扑鼻的血腥和二战灵魂人物举手投足间摄人心魄的魅力。

品读战役，也是在品读英雄、品读人生，更是在品读历史。战役有血雨腥风，但也呼唤人道。真正的名将是为阻止战争而战的，他们虽手持利剑，心中呼唤的却是和平。相信读者朋友在读过本套丛书后，能够对战争和名将有一个不一样的认识。

最后，谨以此书献给那些为和平、为幸福奋斗不息的人们！

目　录

第一章　战幕拉开

　　希特勒简要介绍了1942年的作战目标后，握了握拳头，提高了嗓门："各位，这次我们务必占领高加索和伏尔加河流域，把斯大林格勒从地球上抹掉！"

◎ 败得理直气壮

1941 年冬季，苏联红军在莫斯科城下顶住了德国钢铁战车的疯狂进攻，希特勒发动的占领莫斯科的"台风"战役宣告彻底失败。德军无论人员还是武器方面均遭受巨大损失，战斗力明显减弱。

德军东线战场的失利造成了严重的影响，统帅部大本营"狼穴"没有了往日的慷慨激昂和不可一世，阴郁犹如一道厚厚的幕布压得人喘不过气来。"狼穴"主人希特勒的健康也因此受到很大的影响，来汇报工作的高级将领们突然发现他们的元首面色苍白，神情忧郁。希特勒的私人医生莫勒尔给他开了很多药，每天要注射不同的针剂，睡前还要吞下大把安眠药，但是最近连安眠药也不起作用了。

"看来依靠'闪电战'已经不行了，我们没有足够的力量在整个东线战场同时展开进攻。"希特勒自言自语地说。德军在莫斯科城下的悲剧历历在目。的确，战争初期，法西斯德国凭借充分的战争准备、丰富的作战经验以及突然袭击，在苏军准备不足的情况下，18 天内便向苏联腹地推进了数百公里。3 个月后，德军便兵临列宁格勒和莫斯科城下，使苏联处于相当困难的境地。那个时候，希特勒欣喜若狂，在柏林的许多公开场合挥舞双拳，得意地宣告："敌人已经被打倒，再也站不起来了。"

这年冬季，莫斯科遇上了 140 多年未遇的寒流，而此时的德军士兵还穿着单薄的夏装，成千上万的士兵在凛冽的寒风中被冻死、冻伤。坦克发动不起来，大炮无法瞄准，机枪和其他自动武器几乎全部失灵，德军士气降到了最低点。

12 月 6 日，苏军在莫斯科发起反攻。次日，日本海军在山本五十六的指挥下偷袭了珍珠港的美国舰队，从而使战争由欧洲、亚洲和大西洋扩展为全球性的冲突。

12 月 11 日，德国和意大利与日本签订《德意日联合作战协定》，向美国宣战。美国和英国也以宣战回敬了他们，由此世界格局发生了根本性的变化。

12 月的苏德战场发生了戏剧性的变化，苏联最高统帅斯大林从远东调来精锐部队，苏军的坦克冲垮了德军阵地，打得德军尸横遍野，伤亡达百万之多，被迫向西溃退。快如闪电、屡战屡胜的德国战车首次品尝了被人追赶的滋味，希特勒的闪电战计划彻底破产了。

1941 年年底，英国首相温斯顿·丘吉尔从伦敦匆匆飞抵华盛顿，与美国总统富兰克林·罗斯福举行紧急磋商，商讨同盟国的战略，这就是著名的阿卡迪亚会议。这次会议产生了一项重要成果，即所有向德、意、日轴心国宣战的同盟国家共同签署了《联合国家宣言》。

与会的美、英、苏和中国等 26 个国家在 1942 年 1 月 1 日庄严宣告，要动员所有的人力、物力反对德、意、日法西斯。之后，美英两国还制订了"先欧后亚"的战略。罗斯福说："打倒德国是胜利的关键，一旦德国被击败，意大利的崩溃和日本的失败必然随之而来。"

此时，"狼穴"中的希特勒正以焦虑不安的心情注视着世界反法西斯同盟的形成。他对身边的将军们说，他从未想到形势会变成这样。如果德国不能迅速战胜苏联，那么美国潜在的军火生产能力同苏联潜在的人力联合起来，战争将出现更加难以驾驭的局面。基于这一战略估计，希特勒决定集中所有力量在 1942 年彻底摧毁苏联，然后腾出手来收拾西方的敌人。

东线战场不断传来令人沮丧的消息，这让希特勒有些进退两难。当初计划 3 个月内结束战争，所以德军后方没有做充足的防御准备，如今前线指挥官不是抱怨就是请求撤退。希特勒意识到，在冰天雪地中撤退将一发不可收。德国陆军总参谋长哈尔德将军向希特勒报告说有一个师正在溃退，希特勒立刻接通了这个师指挥所的电话。

"我的元首，我们顶不住了，苏联人密密麻麻地向我们进攻。我们的机枪不停地扫射，前边的人倒下了，后边一排排敌人又冲了上来。我们实在是顶不住了，战士们的神经受不了了，撤退吧。"从冰天雪地的前线传来了绝望的乞求。

希特勒生气地反问："撤？你们打算撤往哪里？撤多远？"

"我……我也不知道。"电话中传来了惊慌失措的声音。

希特勒大发雷霆："你完全知道再后撤 50 公里还是一样冷！"

说完，希特勒缓和了一下口气："我的师长先生，撤退能带走重武器吗？带不走？那以后还怎么打仗？什么？没有选择余地？好吧，你一个人回来，把军队留下，我来指挥。"

希特勒说完扔掉了话筒，余怒未消地对哈尔德说："这帮浑蛋！战机都给这些无可救药的蠢货贻误了。"

随后，希特勒给冰天雪地中的士兵下达了"不准后撤"的命令，凡是稍有异议的将军都被他撤了职，甚至连老资格的陆军总司令布劳希奇也被迫宣布因病辞职。希特勒干脆一不做二不休，自己当了陆军的总司令。直到1942年1月底，苏军的攻势才渐渐弱了下来，德军的阵地总算稳定了。

1942年初春的一天，希特勒身穿灰色制服，胸前别着一枚普通士兵的铁十字奖章，在一批将军和副官的簇拥下现身柏林体育馆，面对一万名刚刚授衔的青年军官发表了希特勒式的演讲。他刚出现，场内便爆发出一阵狂热的掌声。

希特勒向纳粹分子作演讲

希特勒双手撑着讲台，脸色凝重地说道："去年冬季，一场世界斗争的胜负决定了。"他没有回避德军在莫斯科战役中的惨败，而是反复阐述在危机来临时，是他独自一人在苦苦支撑危局，帝国的那些陆军将领一旦形势危急就知道纷纷辞职。此时，体育馆内响起了一阵阵掌声和狂热的欢呼声，这正是希特勒所需要的。

演讲结束时，希特勒开始歇斯底里地狂喊："我们战胜了一种命运，它在130年前曾毁灭了另外一个人！"希特勒引用1812年拿破仑的大军在莫斯科城下覆灭的事例来证明自己的成功，把德军的一次惨败说成是一次了不起的胜利，是他自己拯救了德国的军队，拯救了德意志民族。

奇怪的是，如此颠倒黑白的演讲，在当时的德国居然引起了不小的轰动。此后，希特勒又多次发表演讲，所到之处无不受到热烈欢迎。德国国内的战争叫嚣又一次狂热起来，但希特勒还嫌不够。他认为德军在莫斯科的失利，是由于前线的陆军将领和国内的一些人干扰了军令、政令统一。

德军最高统帅部作战局局长约德尔委托他的副职和武装力量作战指挥部的重要军官们，以德国最高统帅部训令的形式制订了陆军参谋总部的计划。3月28日，希特勒提议并批准了这个计划。

3月28日，希特勒在位于东普鲁士拉斯登堡的"狼穴"大本营召开秘密军事会议。出席会议的有陆军总参谋长哈尔德及各大军团的指挥官。下午2时，希特勒走进挂有大幅作战地图的会议室，元帅、将军们恭敬地起立致意。

希特勒坐下，把一只胳膊放在桌上，扫视了一下目光专注于自己的部属："诸位元帅、将军，去年冬天的麻烦已经过去，战争主动权仍然掌握在我们手中。这一次我们决不能让苏联人凭借严冬的积雪苟延残喘，在今年夏秋两季我们一定要给他们以致命的打击。一会儿，哈尔德将军会传达这次的作战方案。这次作战集中在南方，进攻高加索，夺取那里丰富的油田。那里的石油占苏联整个石油产量的80%。另外，我们还要占领顿涅茨盆地工业区、库班小麦产区和斯大林格勒。"

希特勒简要介绍了1942年的作战目标后，握了握拳头，提高了嗓门："各位，这次我们务必占领高加索和伏尔加河流域，把斯大林格勒从地球上抹掉！"

希特勒讲完后，会场一片沉寂。这时，哈尔德走向地图，开始阐述作战计划："各位元帅、将军，今年东线战场的夏秋攻势在即将下发的第41号作战指令中有明确的规定，目的是消灭苏军残余势力，切断他们的战争资源。计划由陆军元帅博克率领南方集团军群担任主攻，中央集团军群和北方集团军群协同作战，以迷惑苏军，达到出其不意的效果。"

接着，哈尔德详细介绍了担任主攻的南方集团军群的兵力，他说："南方集团军群兵力将增至100个师，辖5个集团军，1500架飞机。整个战役分两个阶段进行：第一个阶段，实施克里木战役和哈尔科夫战役，由曼施坦因的第十一集团军在4到6月内攻占刻赤半岛和塞瓦斯托波尔要塞。与此同时，由保卢斯的第六集团军和克莱施特的第一装甲集团军在哈尔科夫展开强大攻势，占领哈尔科夫，为进攻高加索和斯大林格勒做准备。从7月份开始实施第二步计划：北路由曼施坦因集团军攻打列宁格勒；中路和南路是重点，进攻高加索，夺占油田，进攻斯大林格勒，围歼顿河以西的敌军。无论如何要将斯大林格勒置于我军重武器杀伤范围之内，使它不再是苏联的工业中心和交通枢纽。"

哈尔德的话音刚落，与会者开始窃窃私语。有人提出破坏高加索油田付出的代价太高，以致失去占领的意义；有人怀疑是否有足够的兵力发动远距离进攻，就连戈林也对夏天能否打败苏联表示怀疑。希特勒听着大家的议论，知道莫斯科战败后，这些将领们对将来取胜没有十足的把握。

希特勒扫视了一眼会场，大战在即他只能鼓励大家："各位元帅、将军，我们已经征服了连拿破仑都没有征服的恐怖的严寒，这再一次证明德意志帝国的士兵是世界上最勇敢的士兵，足以摧毁布尔什维克的苏联，使其军队闻风丧胆！"

讲到这里，希特勒停顿了一下，接着说："这次我们要吸取教训，各集团军在攻打顿河、伏尔加河流域时，要沿河挖地掘坑建造冬季营房。到了10月，士兵就能住进冬季营房里了。"希特勒终于看到了这些将领赞许的眼神，于是满意地说："此次作战，对德意志帝国生死攸关，要特别注意保密，给对方造成错觉，以保证战役的胜利。"

会议结束时，希特勒有一种莫名的兴奋，他预感到，这次夏秋作战一定能取得胜利。

◎ 吹响进攻号角

4月4日，希特勒宣布亲自修改作战局局长约德尔组织制定的最高统帅部训令（即第41号作战指令），他重新起草了方案中有关主要战役的部分。次日，希特勒签发了第41号作战指令，吹响了向斯大林格勒、高加索地区疯狂进攻的号角。

元首兼国防军最高司令 元首大本营

国防军统帅部／国防军指挥参谋部 1942 年 4 月 5 日

1942 年第 55616 号绝密文件

仅传达到军官

第 41 号指令

苏联战场冬季会战即将结束，凭借东线官兵顽强的意志和无私的献身精神，我军取得了防御战的巨大胜利。

敌人在人员和物资方面损失惨重。在这个冬季，敌人在扩大所谓的初期战果的过程中，严重消耗了其准备用于将来作战的预备队主力。天气和地形条件一旦允许，以我军指挥官和部队的优势，我军必将再次赢得战场的主动权，并迫使敌人就范。我们的目标是，歼灭苏军残存的有生力量，尽可能多地夺取其最重要的战争资源。

为此，应当投入我国防军和盟军的一切可供使用的兵力。同时，还要保证欧洲西部和北部占领区特别是海岸的安全。

一、总目标

坚持东方战线原来的基本方针，其要点是：中路陆军放慢进攻速度；北路陆军攻陷列宁格勒，与芬兰军队建立陆上联系；南路陆军突入高加索地区。鉴于冬季会战的影响、可供使用的兵力和运输状况，上述目标只能逐步达到。

当前应把所有可以动用的兵力集中到南路主要作战方向，目的是歼灭顿河对面的敌人，进而占领高加索地区的油田及通往高加索山脉的通道。一旦包围地区条件允许，或者从其他地方抽调了足够的兵力，则可以最后攻占列宁格勒和夺取英格曼兰（笔者注：旧省名，今圣彼得堡州及其附近一带）。

二、作战指挥

1. 待泥泞季节结束后，陆军和空军的首要任务是为主要作战创造条件。为此，需要稳定和巩固整个东线和陆军后方地区的局势，以便能为主要作战方向调派更多兵力，其他战线则应以最少的兵力来牵制敌人的进攻。

为达到上述目的，凡根据我的指令必须实施有限目标的进攻的地方，均应大量投入陆军和空军所有可以动用的力量，以便迅速地取得决定性战果。只有如此，才能在大规模作战开始前充分提高我军的必胜信心，同时也能使敌人认识到他们所处的绝望地位。

2. 当前的任务

在克里木，尽快肃清刻赤半岛之敌，占领塞瓦斯托波尔。为了做好这次作战行动的准备，空军，不久以后还有海军，其任务是有效地切断敌人在黑海和刻赤海峡的补给线。

在南路，务必在顿涅茨河沿线分割并歼灭伊久姆两侧的突入之敌。

在中路和北路，需要对战线进行调整，只有在目前的作战行动和泥泞时期结束后才能予以考虑和决定。不过，这里一旦情况允许，务必要通过缩短战线腾出必要的兵力。

3. 东线主要作战行动

正如以上所述，东线主要作战行动的目标是占领高加索，歼灭位于沃罗涅日以南、顿河以西及以北地区的敌军。由于参战部队抵达时间无法统一，所以此次作战只能按梯次进行，但彼此间应互有联系或互为补充地进攻。因此，从北到南在时间上应协调一致，以便在发动每一次进攻时，均能保证将陆军和空军，特别是空军的兵力最大限度地集中使用于关键地区。

目前已经非常清楚，苏军已经不惧怕战役包围。在这种情况下，具有决定性意义的是，就像在维亚济马－布良斯克会战中那样，各个突破口均能对苏军形成严密的包围态势。

需要提醒的是，一定要避免因包围部队改变方向太迟而使敌人乘机逃出包围圈的情况。

绝不允许发生以下情况：

装甲与摩托化兵团因推进太快太远而与后续步兵部队失去联系，或者装甲与摩托化兵团没有可能通过它们自己在被围苏军的后方施加直接影响，来支援在前面艰难作战的步兵部队。也就是说，除了要达到大的作战目标外，还要保证在任何情况下均能调动和指挥己方部队歼灭受到攻击之敌。

从奥廖尔以南地区向沃罗涅日方向实施的全面突破将拉开整个作战行动的序幕。在两支用于实施包围的装甲与摩托化兵团中，北方兵团要比南方兵团强大一些。这次突击行动的目标是占领沃罗涅日市。一部分步兵师的任务是，在从奥廖尔向沃罗涅日方向的进攻出发地之间立即建立一道强大的防线；装甲与摩托化兵团的任务是，以左翼从沃罗涅日出发，沿顿河向南发动进攻，以支援从哈尔科夫整个地区向东实施的第二次突击。即便在这里，首要目标也不是突入敌军防线，而是在向顿河下游推进的摩托化兵团的协同下歼灭敌军兵力。

第三次突击的任务是：向顿河下游突击的部队应在斯大林格勒与另一支从塔甘罗格、阿尔捷尔诺夫斯克出发，在顿河下游与伏罗希洛夫格勒之间，渡过顿涅茨河向东推进的部队会合。然后，这些部队应与向斯大林格勒推进的装甲集团军建立联系。

假如在作战中，尤其是在占领了完好无损的桥梁后，在顿河东段或南段出现了建立桥头堡的可能性，则应加以利用。争取到达斯大林格勒时，至少将其置于我重武器的杀伤范围内，使之成为被摧毁的又一个军备和交通中心。

假如可以完好无损地夺取罗斯托夫的桥梁，或者能在顿河东段建立可靠的桥头堡，那么将会对下一步的作战行动非常有利。

为了防止顿河以北敌军主力渡过顿河向南逃窜，应前调装甲部队和快速部队（如有必要这些部队可由临时组建的部队组成），以加强从塔甘罗格向东推进的兵力集团的右翼。

为了与上述突击行动的推进速度相适应，不仅要强力掩护作战的东北翼侧兵力集团，还要立即构筑顿河沿岸阵地。这方面应特别重视建立最强有力的反坦克防御系统。开始选定阵地时，就要考虑到其在冬天也能使用，并要为此做好准备。

为了占领此次作战中延伸得越来越长的顿河战线，应主要调用盟国部队，而我国部队则作为强大支援力量部署在奥廖尔和顿河之间及斯大林格勒地区。另外在顿河战线的后方应保留一些德国师作为预备队。

在我方地段上，轴心国部队应这样部署：北面是匈牙利部队，其次是意大利部队，东南面是罗马尼亚部队。

4.考虑到季节条件，为了达到作战目的，一定要保障部队渡过顿河向南快速机动。

三、空军

空军的任务：除支援陆军外，还应加大防空密度，掩护南方集团军群区域内的部队向前推进，尤其是加强第聂伯河铁路桥的对空防御。

一旦发现敌人的动向，应立即切断其主要交通线和通向作战区域的后方铁路线，首先应摧毁顿河上的铁路桥。

作战一旦开始，集中力量攻击和摧毁进攻地区内的敌空军及其地面设施。

务必保障航空兵部队迅速转移至中路和北路作战地带，为此所必需的地面设施应保留在尽可能远的地方。

四、海军

海军在黑海的主要任务：若我方战斗部队及警戒部队拥有的运输手段和船只运载能力允许，应通过海上运输减轻陆军和空军后勤补给方面的压力。

由于敌黑海舰队的战斗力没有减弱，所以被调到黑海的轻型海军部队尽早做好战斗准备具有非常重要的意义。

保卫波罗的海，将敌舰队封锁在芬兰湾中心海域。

五、之前下达的关于保密问题的原则性命令仍然是所有参与准备工作的单位必须履行的义务。至于对盟国应采取何种态度，将根据本指令做出专门规定。

六、通过国防军统帅部及时向我报告各军种的准备工作计划和时间安排。

（签字）阿道夫·希特勒

希特勒的第41号作战指令从总的形势上阐述了粉碎苏联红军的意图，但同时又指出：为保障德军突击集团东北翼侧的必要性，要在顿河区构筑防御阵地，特别重要的是建立强大的反坦克防御系统。构筑阵地时，应考虑到冬季的需要。这就是说，德军最高统帅部对 1942 年战略进攻的目的不明确，对 1942 年夏季攻势的结果也不是很自信，甚至做好了将战争拖延到冬季的打算。

另外，按照希特勒的意图，发起斯大林格勒方向上的进攻，是为了保证高加索战役能够顺利进行。这个作战指令反映出法西斯德国迫切需要燃料和粮食。国内的青壮年劳动力大多已开赴战场，掠夺战略资源弥补亏空已成为维持法西斯德国这台战争机器运转的当务之急。

◎ 攫取最大权力

4月26日，希特勒在帝国国会发表演讲，要求国会授予他权力，在他认为合适的时候可以惩罚任何德国人。希特勒歇斯底里地吼叫着："我期待着有这样一个决定：在我为我们无与伦比的伟大事业服务的过程中，国家能给我以权力，无论何时何地，我可以以我认为合适的任何方式采取行动，这对我们是生死攸关的问题。（台下鼓掌大作）无论前线还是在国内，在运输部门，在行政机关，在司法部门，必须服从一个思想，那就是为胜利而战斗。（台下发出暴风雨般的掌声）现在，不许任何人喋喋不休地大讲他应得的权利，要让每个人清楚地懂得，现在他们只有义务。"

希特勒担任德国总理将近十年，他拥有的权力超越历史上任何一届德国总理。他的党卫军和秘密警察经常视法律为儿戏，同时他还是军事统帅兼陆军总司令。所有这些，他还觉得不够，他需要得到国会的认可，让他可以为所欲为、不受阻挡地做任何事情。

希特勒的演讲煽动起了台下听众的情绪，最终他如愿以偿。帝国国会代表全体起立，爆发出雷鸣般的欢呼声，并唱起了国歌。从这一刻起，希特勒就是德意志帝国的法律，帝国的法律就是希特勒。

希特勒初期对欧洲国家的武装入侵让全世界眼花缭乱，同时也让德国民众产生了战无不胜的幻觉。莫斯科惨败的消息传到柏林后，朝野震动，大家一致认为德军不是被苏军打败的，而是恶劣的气候和缺少给养造成的，还有一个重要的原因，那就是陆军将领干扰了希特勒的英明决策。

鉴于此，德国民众相信正如希特勒所说，只要一切权力归他所有，就能保证战争的最终胜利。民众的这种心态在希特勒的党徒中尤为明显。宣传部长、希特勒的追随者戈培尔在日记中写道："元首的演讲给整个民族充了电，就像蓄电池一样……只要他健康地活在我们中间，只要他能把他的精神力量给予我们，我们就能逢凶化吉。"

然而，德国的盟国意大利、罗马尼亚、匈牙利可不像德国民众那样容易被希特勒迷惑。这些盟国震惊于德军的惨败，同时也不愿公开与美国直接发生冲突，因此对希特勒接下来进行的新一轮攻势不怎么热心。希特勒明白，没有盟国提供战争资源，单靠已经损兵折将的德军，东线春季攻势必然会大大减弱。于是，他派最高统帅部总参谋长凯特尔前往布达佩斯和布加勒斯特，说服匈牙利和罗马尼亚向东线增派军队，接着又派空军总司令戈林奔赴罗马，对意大利独裁者墨索里尼拍着胸脯保证，1942年德国肯定能打败苏联，到1943年英国就会屈膝投降。戈林的这些保证仍然没有打消墨索里尼的疑虑，他答应增兵苏联战场，不过德国要向意大利提供武器装备。

希特勒听了戈林的汇报后，大吃一惊，大战在即，主要盟国还在犹豫不决，这将关系到战争的成败。于是，希特勒决定亲自去安抚信心不足的墨索里尼。

德国空军总司令赫尔曼·威廉·戈林

本尼托·墨索里尼和阿道夫·希特勒

4月29日，希特勒在萨尔斯堡会见了墨索里尼。希特勒像往常一样喋喋不休地说个不停，为这位犹豫不决的意大利独裁者描绘了一幅诱人的图景。希特勒凭借出色的口才，说得心神不定的墨索里尼重新恢复了信心。会谈结束时，德、意两名独裁者犹如打足气的皮球，仿佛已经看到苏联的灭亡，巨大的利益就在眼前。

经过一阵紧锣密鼓的战争煽动，希特勒从仆从国那里拼凑了61个师，其中罗马尼亚27个师，匈牙利13个师，意大利9个师，斯洛伐克2个师，西班牙10个师，这些兵力约占东线总兵力的四分之一。

希特勒自从挑起战争以来，就把国内的大部分政务交给了戈林、希姆莱和里宾特洛甫等人，自己全心全意出任帝国的军事领袖。他说："只要还在打仗，我就不能脱下这套军装。"希特勒取消了一切娱乐。有一次，他的情妇爱娃·布劳恩想邀请他去看一场电影，被希特勒当场拒绝了，理由是"我必须节省眼力，好用它来看地图和公文"。

希特勒的住处挂满地图，他的身前身后总是跟着一批将军，每天听取汇报，随时有年轻干练的副官听候调遣，那些战功赫赫的陆军将领们经常被他指使得团团转。希特勒自命不凡，相信自己是一个军事天才，曾经虚伪地说："做一个军事领袖，是我违背自己意愿的事。如果我考虑军事问题，那是因为我知道，在这方面目前没有人能比我做得更好。"

希特勒信奉两点：一是德军著名军事理论家克劳塞维茨的名言——进攻是最好的防御；二是拒绝任何形式的撤退，以致在德军战线后方很难找到一条备用防线。因此，当苏军1942年春季的反攻停止时，希特勒是不会畏首畏尾的，他自信德国的军队将很快组织一场大规模的进攻，进而一举打垮苏军。

5月8日，德第十一集团军向克里木发起进攻。在轰炸机的掩护下，德军坦克横冲直撞，很快就冲破了苏军的防线。

5月10日凌晨3点，斯大林用直通电话与克里木方面军司令员科兹洛夫通话。斯大林通过大本营代表梅赫利斯和科兹洛夫了解到前线形势异常严峻，他当即命令，把第四十七、第五十一集团军及第四十四集团军余部撤到"土耳其堡垒"，重新组织一线防御，避免陷入德军的包围圈。

5月11日23时50分，苏联最高统帅部大本营致电北高加索方面军司令布琼尼元帅，请他马上到克里木方面军司令部，敦促梅赫利斯和科兹洛夫迅速撤到"土耳其堡垒"，在那里整顿部队，并组织新的防御。训令中指示："要运用一切防御手段，将德军拦截在'土耳其堡垒'一线，不许德军向东推进一步！"

布琼尼元帅

此时的德军攻势凶猛，志在必得。克里木方面军经过一番苦战，难以支撑，不得不向刻赤地区撤退。

5月15日凌晨，苏联最高统帅部大本营再次向克里木方面军发出命令："不准丢掉刻赤！"为时已晚，苏德双方兵力对比悬殊，刻赤失守已无法挽回。苏联克里木方面军当天就抢渡刻赤海峡，撤往塔曼半岛。由于德军的阻拦，撤退一直持续到5月19日。没来得及撤到塔曼半岛的克里木方面军的一些军人，留在刻赤采石场，开展游击活动。斗争异常艰苦，缺少弹药，很多人受伤后无法得到护理，或牺牲，或成为德军的俘虏。

5月16日，德军占领刻赤半岛，17万苏军被俘，海滩上堆满了苏军的各种车辆、大炮。

当时，苏守军人数是德军3倍，共有3个集团军、17个步兵师、3个步兵旅、2个骑兵旅、2个骑兵师和4个独立装甲旅。科兹洛夫忘了防御，甚至在德军进攻的前一天，他还在召开军事会议讨论夺取科伊 – 阿桑的进攻计划。

如此雄厚的兵力却丢了阵地，斯大林自然非常震怒，立即将统帅部代表梅赫利斯、方面军司令员科兹洛夫中将撤职降衔，并于6月4日发出训令，要求各方面军吸取教训："懂得现代战争的性质，部队必须纵深梯次配置并建立预备队。"

5月19日，苏联最高统帅大本营决定，撤销克里木方面军的编制，改编入北高加索方面军。

克里木方面军原有的部队和驻扎在北高加索、塔曼半岛以及亚速海和黑海沿岸的部队均编入北高加索方面军，隶属北高加索方面军指挥的有塞瓦斯托波尔防御地域、里海舰队、亚速海区舰队、北高加索军区。新组建的北高加索方面军的任务是：坚守塞瓦斯托波尔防御地域，保卫塔曼半岛，不惜一切代价阻止德军强渡刻赤海峡，防范德军从克里木突入北高加索。如果德军在罗斯托夫－高加索方向发起攻击，北高加索方面军一定要守住顿河一线，并同南方面军协同作战，以阻挡德军揳入北高加索地区。

◎ 激战塞瓦斯托波尔

德军占领刻赤半岛后，将曼施坦因的第十一集团军的主力调往塞瓦斯托波尔地区，并以极快的速度封锁了塞瓦斯托波尔。这时，德军士气高昂，向塞瓦斯托波尔进攻的德军兵力共有 20.4 万人，75 毫米到 600 毫米的火炮 670 门，反坦克炮 655 门，迫击炮 720 门，坦克 450 辆，飞机 600 架。第十一集团军步兵第五十四军担任主攻，他们有 120 个炮兵连的火力支援，其中 56 个为重炮连和超重炮连，可谓火力充足。

在塞瓦斯托波尔担任防御任务的是苏军滨海集团军，辖 7 个步兵师、4 个旅、2 个海军陆战团、2 个坦克营和 1 列装甲列车，共 10.6 万人，600 门火炮和迫击炮，38 辆坦克。在德军进攻前，滨海集团军所有师的人员配备仅仅达到编制的 55%，配置在该地区作战的空军仅有 53 架可用飞机。

德军统帅部向克里木港，首先是向雅尔塔派出了 19 艘鱼雷快艇、30 艘护卫艇和 8 艘防潜警戒艇，以及 6 艘意大利小型潜水艇，准备先从水上封锁塞瓦斯托波尔。为了拿下塞瓦斯托波尔，德军还专门派出了空军。这样，就可以从空中和海上对塞瓦斯托波尔实施封锁。

如此一来，塞瓦斯托波尔几乎成了一座孤城。

在曼施坦因的第十一集团军主力调来前，德军曾经对塞瓦斯托波尔发动过两次攻击，但都没有成功。第 1 次进攻于 1941 年 11 月 11 日至 21 日发起，德军集中 4 个步兵师、1 个摩托化师和 1 个罗马尼亚摩托化旅，沿雅尔塔公路向巴拉克拉瓦方向实施主要突击，并从切尔克兹·卡尔缅地区向卡腊科巴谷地实施辅助突击。第 2 次进攻于 1941 年 12 月 7 日发起，德军投入 7 个步兵师、2 个罗马尼亚旅和 1270 余门火炮，其兵力几乎超过苏军 1 倍，仍然由于苏军的拼死坚守而以失败告终。

1942 年 6 月 2 日，德军开始对塞瓦斯托波尔实施第 3 次攻击。德军疯狂炮击、轰炸苏军滨海集团军和里海舰队的阵地，以及整个城市。如此猛烈的火力几乎让苏军从这个城市消失。

6 月 7 日，在进行了 5 天的狂轰滥炸后，德第十一集团军司令曼施坦因派步兵发起冲锋，对塞瓦斯托波尔实施强攻，他们将主要突击方向选在北湾，然后沿着雅尔塔公路进行辅助突击。苏军进行了艰苦而顽强的抵抗，每天打退德军近 20 次的冲击，为此付出了巨大的牺牲。

6 月 18 日，德军突破了北湾。10 天后，德军进入英喀尔曼修道院地区，把苏军逼到英喀尔曼车站和公路附近。

6 月 29 日晚，德军强渡北湾，并固守在两岸。次日清晨，苏军从费火希内耶高地和诺维耶舒来展开反击，在萨彭山地区突破防御，直扑塞瓦斯托波尔。苏军滨海集团军各师剩下的人数，平均只有 300~400 人，而各旅平均只剩 100~200 人。苏军在塞瓦斯托波尔得不到炮火支援和空军的掩护，只得靠血肉之躯作战。

苏联最高统帅部命令塞瓦斯托波尔守军边守边撤。在德军强大的炮火攻击下，撤退也不是那么容易的。滨海集团军的一些部队撤到了赫尔松内斯角地区，登上里海舰队的舰艇、潜水艇和飞机。然而，德国空军完全掌握了制空权，就连苏军上了潜水艇的部队也无法撤走。到最后时刻，苏军还有部分人留在阵地上，他们利用夜间分散成小分队突进山里，与游击队会合。

7 月 4 日，德军经过 8 个月的包围和强攻，终于占领了塞瓦斯托波尔。这时的塞瓦斯托波尔已是一片废墟。曼施坦因的第十一集团军及其他参与进攻的德军部队也为此付出了沉重代价。仅在最后的 75 天攻击中，德军在塞瓦斯托波尔城郊伤亡的官兵就达 15 万人，损失坦克 280 多辆、大炮 250 门、飞机 300 余架。市区与第 1 道防御线相距 16 公里，德军用了整整 250 天，才越过了这段距离，平均每昼夜的前进速度不足 60 米。

塞瓦斯托波尔失陷后，德军完全控制了克里木地区。不过这场战斗对苏军来说，也有一个不小的收获，那就是被称为精锐之师的曼施坦因第十一集团军元气大伤，需要补充和休整。

7 月 5 日，德第六集团军的突击集团前出至奥斯特罗戈日斯克地区，后沿顿河右岸转向南方，从北面对苏西南方面军右翼部队实施大纵深迂回。德第四装甲集团军从沃罗涅日以南地区实施突击。

希特勒进行了新一轮的调兵遣将，将第二集团军留在沃罗涅日，将东南方向上的第四装甲集团军转向坎捷米罗夫卡。

7 月 8 日，德第一装甲集团军从斯拉维扬斯克、阿尔条莫夫斯克地区向斯塔罗别尔斯克、坎捷米罗夫卡发动进攻，对苏西南方面军和南方面军的接合部实施第 2 次突击。德军的攻击见到了成效。到 7 月中旬，德国第四装甲集团军和第六集团军的各部队前出到顿河大弯曲部，并占领了博科夫斯卡亚、莫罗佐夫斯克、米列罗沃、坎捷米罗夫卡，而第一装甲集团军各兵团则前出到了卡缅斯克地区附近的顿河。

德军企图在这些进攻战役中合围并歼灭苏西南方面军和南方面军。苏联最高统帅部大本营识破了德军的企图，立即把部队从被合围的威胁下撤出来。受到德军夹击的苏西南方面军各部队且战且退，渡过顿河，撤向斯大林格勒。南方面军各部队从顿巴斯向顿河下游撤退，以便在上库尔莫雅尔斯卡亚到罗斯托夫一段的顿河左岸占领防御阵地。

◎ 防线被突破

7 月 11 日，也就是曼施坦因占领塞瓦斯托波尔的一周后，希特勒签发了实施"布吕歇尔"行动的第 43 号作战指令，要求第十一集团军尽快休整，为强渡刻赤海峡做好一切准备。

元首 元首大本营

国防军统帅部 / 国防军指挥参谋部 / 作战处 1942 年 7 月 11 日

1942 年第 551208 号绝密文件

仅传达到军官

第 43 号指令

一、肃清刻赤半岛之敌和占领塞瓦斯托波尔后，第十一集团军的任务是在保证克里木安全的情况下，最迟于 8 月中旬前做好强渡刻赤海峡的一切准备，以便从高加索西部山脉两侧向东南和向东实施突击。

此次行动的代号是"布吕歇尔"（绝密），登陆日代号是"BL日"。

二、此次作战遵循的方针

按照第十一集团军的建议，此次渡海作战应以尽可能强大的兵力在敌海岸工事背后实施登陆。

登陆成功后，应先夺取新罗西斯克以北的高地。一定要占领阿纳帕港和新罗西斯克港，摧毁敌舰队基地。

之后，在高加索山脉以北向东继续作战。迅速夺取迈科普地区具有特别重要的意义。关于是否也派部分兵力沿黑海海岸公路越过图阿普谢的问题，以后才能决定。

大部分中型和重型平射火炮连及曲射火炮连（装备210毫米以下的迫击炮）和几个重型迫击炮营，留给第十一集团军用于此次作战。

三、海军应加速采取各项措施，以便按照陆军方面的具体要求准备好渡海作战所需要的船只。为了满足这一需要，除了黑海和亚速海可供调用的船只外，还可以通过租用或购买从保加利亚和罗马尼亚获得其他适用的船只。

在此次行动中，海军应支援登陆部队渡海作战，同时以可供使用的兵力掩护这次作战行动，使之免受敌舰队的破坏。

负责运输登陆部队的海军部队在渡海期间归第十一集团军指挥。

四、在此次作战的准备阶段，空军的任务是最大限度地摧毁敌港口和消灭黑海中的敌海军部队。

作战期间，除了直接支援登陆部队外，还应阻止敌海军部队干扰我军渡海。

一定要做好准备，以便能对登上捷姆留克半岛的陆军兵力实施数天的空中补给。

考虑一下使用伞降部队和机降部队的可能性。尽量不要为此而前调第七航空师，万不得已时可抽调少量兵力。将第二十二步兵师的部分部队作为机降部队使用，可能是有利的。

五、佯装将第十一集团军的强大部队从克里木转移至亚速海以北区域，以迷惑敌人。为此，应向北方进行大规模的行军和铁路运输活动，应以夜间行军来隐蔽地为"布吕歇尔"行动集结兵力。

统帅部会采取适当措施来配合这种欺骗行动。

六、准备采取的特别行动（由第二谍报处负责）

1. 在迈科普地区空降一个特别行动队，以保卫油田设施（"沙米尔"行动）。

2. 破坏克拉斯诺达尔－克拉波特金－季霍列茨克三角地区的铁路线，炸毁这一地区的库班桥。

3. 在进攻敌港口和海岸设施时，是否使用专门为执行这类任务而组建的勃兰登堡教导团的轻型工兵连，由陆军总参谋部和外国谍报局决定，必要时应将此事列入"布吕歇尔"作战计划。

七、关于此次作战行动的准备与实施的细节，由陆军总参谋部直接与海军和空军商定。

应通过国防军统帅部／国防军指挥参谋部，及时向我报告各项准备工作的进展情况和兵力部署计划。

（签字）阿道夫·希特勒

当曼施坦因在克里木频频得手时，苏军西南方面军司令员铁木辛哥元帅正挥师向哈尔科夫的德军发起猛攻。铁木辛哥是一员虎将，善打硬仗。战争初期，斯大林让他当苏联军事委员会主席，尽管事实上的总司令是斯大林，但是铁木辛哥在苏军中的地位举足轻重。

铁木辛哥元帅

铁木辛哥没让斯大林失望。1941年秋，他组织指挥了基辅保卫战，赢得了时间，使德军对莫斯科的围攻拖延了至关重要的一个多月。特别是在罗斯托夫战役中，铁木辛哥再一次让德军品尝了失败的滋味。

然而，打了胜仗更应保持头脑清醒，1942年春，他和斯大林一样对战争形势过于乐观。铁木辛哥完全赞同斯大林的判断，既然已判明敌人将对己方发动一场攻势，何不先发制人呢？于是，他很快制订了在哈尔科夫方向的作战方案，并以急件呈报最高统帅部大本营。

3月底，斯大林电召铁木辛哥飞赴莫斯科，讨论西南方面军提出的进攻计划。会上，总参谋长沙波什尼科夫元帅和朱可夫大将对计划怀有疑虑，但是斯大林支持铁木辛哥："我们不能坐等德军先发制人，必须在宽大的正面上先敌实施一系列突击。"铁木辛哥对哈尔科夫战役充满自信，他对说三道四的怀疑者说："我用脑袋担保战役的胜利。"

德军在夏季可能从布良斯克、奥廖尔地域实施突击，从南面和东西绕过莫斯科，前出至高尔基地域的伏尔加河，进而切断莫斯科与伏尔加河流域和乌拉尔的联系，然后攻占莫斯科。鉴于此，铁木辛哥认为，苏西南方面军和南方面军在哈尔科夫实施进攻，一定会打乱德军部署，使苏军前出到基辅、切尔卡瑟、五一城、尼古拉耶夫一线。

德军缴获的苏军 kv-2 主力重型坦克

5 月 12 日，树林中隐蔽着整装待发的苏军坦克。当旭日从雾气笼罩的天边冉冉升起时，铁木辛哥下达了进攻哈尔科夫的命令，命令第一句话就透露出这位元帅的雄心："兹令我军展开决定性攻势。"

攻击起初进展顺利。苏军坦克 3 天内推进了 50 公里，德第六集团军遭到猛烈攻击。德南方集团军群总司令博克元帅赶紧给希特勒打电话。希特勒动用了克莱斯特的第一装甲集团军以攻对攻，形势突变。苏第九集团军防线被突破，并直接威胁到苏西南方面军突击集群的后方。

此时，希特勒的愿望就是和斯大林在南线战场决战，苏军莽撞的进攻，正合希特勒的胃口。当铁木辛哥发动进攻时，他还不清楚进攻的正面德军集结着 100 个师的重兵。当德军反攻时，他又以为是小股部队的滋扰，3 天后才做出反应。

战机稍纵即逝。苏军 3 个集团军很快被保卢斯的第六集团军和克莱斯特的第一装甲集团军合围，苏军损失惨重，24 万人被俘，成千上万的红军牺牲。壮烈殉国的有方面军副司令员科斯坚科将军、第五十七集团军司令员波德拉斯将军和战役集群司令员博布金将军。

苏军西南战区元气大伤，铁木辛哥元帅把这次失败当成了终生耻辱。战役后期，铁木辛哥清醒过来采用且战且退战术，把突围部队带到顿河。不久，西南方面军被撤销，铁木辛哥担任新成立的斯大林格勒方面军司令员，不过只有 10 天便被免职，从此再未被斯大林委以重任。

苏军在克里木、哈尔科夫相继失利后，在列宁格勒、沃尔霍夫方向的进攻也接连受挫。希特勒的军队步步紧逼，装甲部队浩浩荡荡地穿越南方大草原，苏军已无法阻挡这股钢铁巨流。清醒过来的斯大林明白了不能与德军在不利的时机、不利的地点硬拼乱打。他只好忍下这口气，在德军一个月的围追堵截下，相继后撤了150~400多公里，已经退到了伏尔加河畔了。

7月3日，希特勒离开"狼穴"乘专机飞往德军东线指挥部，他正在考虑要将大本营从"狼穴"迁至乌克兰境内的维尼察里代号"狼人"的暗堡，以便就近指挥第二阶段的斯大林格勒的战役。

飞机穿越云层，希特勒凝望着机翼下辽阔的苏联大地，兴奋之情溢于言表。这时，希特勒的脑海中浮现出半年多前莫斯科会战的惨败，心中对即将开始的战役不免有些担心。随即，他又觉得自己的患得患失有点可笑，眼下是花团锦簇的夏天，而非冰天雪地的冬季。何况这一次苏军崩溃就在眼前，他想起前线不断传来的捷报，一丝笑容浮现在德意志帝国独裁者的脸上。

第二章　众志成城

斯大林表情凝重地听着汇报，拿着烟斗在屋内缓缓踱步，前线战报让人压抑、沮丧，甚至惊愕。就在 3 个月前，斯大林对战局还充满乐观、自信，如今战场形势急转直下，去年冬季节节败退的德军突然疯狂扑来。

◎ 斯大林太乐观了

1942年1月1日，美国、英国、苏联、中国等26个国家代表在美国白宫发表了《联合国家宣言》，决心共同反对德、意、日法西斯，决不单独媾和。国际反法西斯统一阵线就此形成，这无疑使苏联拥有了众多同盟者，斯大林对战争充满了必胜的信心。

1942年的初春，莫斯科仍然寒风凛冽、冰天雪地。不过，街上行人的脸色却暖了起来，虽然战争的阴云依旧笼罩在上空，物资还是那么匮乏，但市民们仿佛已经听到了春天的雷声。自从莫斯科保卫战获得重大胜利后，苏联人相信最艰难的时刻已经过去，形势在渐渐好转。

2月23日，苏联最高统帅斯大林发出了庆祝红军成立24周年的命令。斯大林在命令中宣布，用不了多久，红军会打垮德国侵略者，在整个国土上重新飘扬起胜利的红旗。事实上，要彻底打败德国法西斯，苏联人还要经历3年多极为艰难的浴血奋战。

3月底的一个清晨，斯大林正在办公室批阅文件。跟平时一样，他先翻阅过去一天的国际战报：德军潜艇在大西洋神出鬼没袭击英、美船只；日军占领了巴丹，出人意料的是珍珠港事件爆发后，日军进攻神速，取得了一连串震惊世界的胜利。3个月来，日军攻占了泰国、马来西亚、新加坡、印度尼西亚、缅甸、香港、关岛、苏门答腊岛、新爱尔兰群岛，装备精良的美英两国军队在日军面前似乎只有招架之功毫无还手之力。这不免让斯大林感到一丝沮丧，他没有料到美英盟军竟然如此不堪一击，同时又庆幸日苏之间还保持着中立关系。倘若日本在远东进攻苏联，那形势将更加严峻。

　　斯大林匆匆看完国际战报后，开始仔细阅读国内战报，他的心情由沮丧开始好转。冬季作战中，德军损失50余万，阵地向后撤退了200多公里，缴获的德军文件表明，德国最高统帅部开始担心他们军队的士气，这是欧洲开战以来的首次。看到这里，斯大林情绪高涨起来，拿起电话："沙波什尼科夫同志，请来一下。"

　　苏联红军总参谋长沙波什尼科夫是一位作战经验丰富的元帅，他惯于识破诡谲多变的战役战略意图，善于估计和预测事态的发展。当他看到摊在斯大林办公桌上的两份报告时，却陷入了沉思。一份是侦察部门送来的情报："从可靠渠道获悉，德国准备在东线实施坚决进攻，进攻最初在南部展开，随后向北推进，比较可靠的进攻时间是1942年4月中旬或5月初。"另一份是国家安全机关向国防委员会所作的报告："德军的主要突击将在南段展开，任务是突破罗斯托夫，向斯大林格勒和高加索推进。然后，由此向里海方向进军。德国人期望以此获得高加索油田的石油。"

　　沙波什尼科夫望着墙上的挂图。3月份以来，前线格外平静，苏军突击力量几乎用尽，德军也熬过了恐怖的冬天。双方战线犬牙交错，由列宁格勒沿沃尔霍夫河经旧鲁萨东，折向杰米扬斯克地域东部，然后经霍尔姆、韦利日、杰米多夫，在勒热夫、维亚济马等地形成突击苏军的突出部，往下经基洛夫，绕过诺沃西利一带，经古比雪沃、沿米乌斯河向南延伸，这条漫长的战线沉寂得令人恐怖。这预示着对方正在积蓄力量，一场更大规模、更加疯狂的进攻即将到来。

两天后，斯大林召开最高防务会议，商讨夏季战役方案。参加会议的苏军高级将领有伏罗希洛夫元帅、铁木辛哥元帅、沙波什尼科夫元帅、朱可夫大将和总参谋部作战处长华西列夫斯基上将。

总参谋长沙波什尼科夫站在大幅地图前，报告冬季作战情况："冬季攻势中，我军赢得了可喜的成就，粉碎了德军攻占莫斯科的阴谋，将战线向前推进了 200 多公里。依据我们掌握的所有情报分析，夏季作战，德军将在中央战线莫斯科方向发起攻击。"

沙波什尼科夫的一番话是两天前与斯大林仔细研究后得出的结论，各方面军司令员对此也无疑虑。因为在靠近莫斯科的中央阵地，德军集结了 70 多个师，近来调动频繁，并运输了大量的物资。显然，苏联最高统帅部忽略了侦察部门关于德军将在南部展开战斗的报告，结果在这一方向没有设置预备队，造成了苏军夏季作战的被动。

会议研究了苏军夏季战役的战略，是防守为主还是以攻代守？西方面军司令员朱可夫说："近一个时期，德军已从挫折中恢复过来，而我军在刚结束的冬季攻势中，人员和武器损耗过大，需要补充大量的兵员和装备。加上天气转热，道路变干，这有利于德军最大限度地发挥机动作战的优势，下一阶段我军宜采用战略防御态势，静观其变，以静制动。"

"朱可夫同志，"斯大林插话说，"夏季作战方案不能太保守，而是要在防御基础上主动出击，打破敌军的进攻部署，掌握战场的主动权。"

朱可夫听斯大林这么一说，只好默默地坐了下来。斯大林环视四周，看到将领们专注的目光，觉得有必要让大家从宏观上把握这场战争，他说："苏德战争现在已进入关键时期，从1941年6月德军入侵到年底为这场战争第一阶段。这一阶段，德军利用突然袭击和机动作战，占领了我们大片领土，表面上我们败了，但从整个战局来看，我们没有败，我们在辽阔的国土上与敌军苦战，使希特勒速战速决，3个月打败苏联的阴谋彻底落空。"

说到这里，斯大林脸上浮起一丝笑容："莫斯科会战是战争的转折点，我军在冬季作战中给德军以沉重打击，使一贯轻视我军的希特勒大为震惊。现在德国人感到兵力不足，补充困难，已无法发动全线进攻。我军要进行积极防御，积蓄力量，在适当的时机应主动出击，打乱敌人部署，夺取战场主动权。"

斯大林的一番话语，说服了参加会议的高级将领。会议批准了总参谋部的方案，在全线转入战略防御的同时，在一些方向实施局部进攻，以改善战役态势；在另一些方向先敌发动进攻，尤其在克里木和哈尔科夫地区。

会议结束后，前线将领们返回各自部队。斯大林对当前形势的估计显然有些乐观了，他先发制人的作战思想是建立在敌情不明、一厢情愿的基础上的。进入夏季后，沉重的灾难接踵而至，克里木、哈尔科夫相继被德军占领，随后希特勒的剑锋直指苏联的枢纽城市斯大林格勒。

◎ 打了个措手不及

　　苏德战争爆发后，斯大林格勒地处后方，一直远离战场，城市的工人加班加点制造了大量的坦克、大炮支援前线。直到 1942 年 4 月 22 日夜晚，这座城市才遭到德军第一次大规模的空袭。夏季来临，前线不时传来令人不安的消息，满载疏散居民的列车源源不断地开进城市，斯大林格勒开始动员起来。斯大林格勒城防状况极其糟糕，之前，没有系统修筑过城防工事，已修筑的防坦克壕沟和火力点也被春天的雨水冲毁了。

　　5 月 3 日，斯大林格勒城防委员会收到上级斯大林格勒州政府的一份文件。文件称：

　　1. 我州境内的防御地区和工事当前急需大修，否则无法用于防御，不可能成为防止德军摩托化部队前进的障碍。

　　2. 防御地区的走向必须重新审查，在某些地区要有所变动，从开阔地地区迁移出来。

战争中的斯大林格勒

6月，斯大林格勒市开始沿城修筑环形野战工事。市民们积极响应，成
千上万的工人下班后跑到城外挖战壕、筑工事。一个月后，挖掘了简易战壕
2750公里，防坦克壕沟1860公里。

6月13日，苏联国防人民委员会第24国防建筑工程局进驻斯大林格勒，
近万名施工人员在谢拉菲莫维奇区和克列次卡亚区总长160公里的地段上开
始构筑防御工事。

1942年7月初，战火烧到了伏尔加河畔。一个月来，德军旋风般从哈尔
科夫经罗斯托夫、沃罗涅什，向顿河弯曲部席卷而来。德军坦克冲破苏军西
南战区层层防线，在大草原上肆意横行。这一带没有崇山峻岭，也没有莫斯

科周围的大森林，德国战车冲向沃罗涅日两侧的顿河河岸，直扑斯大林格勒。没有设防的后方城市斯大林格勒一夜之间变成了前线战场。

此时，刚刚接替因病离职的沙波什尼科夫元帅任总参谋长的华西列夫斯基上将正在焦虑地向斯大林汇报战局。斯大林表情凝重地听着汇报，拿着烟斗在屋内缓缓踱步，前线战报让人压抑、沮丧，甚至惊愕。就在 3 个月前，斯大林对战局还充满乐观、自信，如今战场形势急转直下，去年冬季节节败退的德军突然疯狂扑来。从克里木到哈尔科夫，苏军一溃千里。没有给斯大林思考的机会，德军的坦克便冲向斯大林格勒城外的伏尔加河畔。

"斯大林同志，"华西列夫斯基打断了最高统帅的沉思，开始介绍斯大林格勒的防御状况。

斯大林格勒，原名察里津，建于 1589 年，18 世纪起为军事要塞，位于莫斯科东南 1000 公里处，坐落在伏尔加河下游的平原上。斯大林对这座以他名字命名的城市是再熟悉不过了。1918 年，正值苏俄内战，斯大林曾率领红军打退了白匪军的进攻。战后，它成为苏联南方交通枢纽和重要工业城市，共有 100 多家企业，如红十月厂、拖拉机厂、街垒厂等。它还是通向粮食、煤炭、石油主要产区顿河下游和库班流域的门户。如果德军占领它，将一举切断苏联中部同南方的联系，夺取粮食和石油资源，可北取莫斯科，南出波斯湾。

斯大林不敢再想下去，他斩钉截铁地说："华西列夫斯基同志，斯大林格勒无论如何要守住，要不惜一切代价坚决阻止德军向前推进！"

这个时候，斯大林格勒方向只有第六十二、第六十三两个集团军约 16 万人，2000 门大炮、400 辆坦克、454 架飞机。进攻该城的德军第六集团军拥有 6 个主力军、2 个坦克军，27 万多人，3000 门大炮、500 辆坦克，更是得到了第四航空队 1200 架飞机的空中支援。鉴于此，斯大林果断做出一项决定：组建斯大林格勒方面军，并将莫斯科的预备队调往斯大林格勒。

7 月 4 日，苏联最高统帅部预备队第五集团军接到命令："集团军主力火速进抵顿河东岸，任务是固守顿河东岸。无论如何也不能让敌军渡过顿河，执行情况要及时上报。"

同一天，斯大林格勒城防委员会通过了《加强斯大林格勒消防工作的措施》的决议，责成民防司令皮加列夫于 10 天内完成防御工作。

截止到 1942 年 4 月 15 日，斯大林格勒共有总长度为 66300 米可供居民使用的露天式和掩盖式堑壕，这些堑壕可容纳 13.2 万人，并将可容纳 3.35 万人的约 237 个地下室用作防毒防空洞。但是，城内现有的掩体、堑壕和地下室仍不够用，许多楼房及邻近地区没有任何掩体，防空存在着很大的问题。

7 月 9 日，在图拉集训的统帅部预备队第一集团军被紧急改编为第六十四集团军，奉命率部前往斯大林格勒，崔可夫任副司令员（司令员还没来得及任命）。

7 月 11 日 0 时 20 分，苏第六十二集团军司令员科尔帕克奇接到命令，要求部署在斯大林格勒地区的该集团军火速进抵斯大林格勒接近地，在克列茨卡亚至苏诺维基诺设置一道防线。

同日，斯大林格勒城防委员会通过了《民兵部队的现状及其加强措施》的决议。先期参加民兵的成千上万的斯大林格勒人已开赴前线，同入侵的德军展开了英勇搏斗。留下来的民兵分队建立起新的部队，如在基洛夫区组建了 1 个居民坦克营，在拖拉机厂组建了 3 个营。民兵部队每周利用业余时间进行 6~8 小时的军训。随着战线的推进，战争离斯大林格勒越来越近。

7 月 12 日，苏联最高统帅部大本营正式组建斯大林格勒方面军，辖第六十二、第六十三、第六十四集团军及原属西南方面军的第二十一集团军、第八航空兵集团军。司令员由原西南方面军司令员铁木辛哥元帅担任，赫鲁晓夫任军事委员，博金任参谋长。方面军的任务是固守顿河沿岸，从巴甫洛夫斯克至上库尔莫亚斯卡亚 500 公里长的防线。

当铁木辛哥接到最高统帅斯大林任命他为新组建方面军司令员的命令时，有点出乎意料，感动得两眼潮湿，暗暗下了决心，拼死也要阻止德军的进攻。新组建的方面军在各级指挥员的努力下，开赴指定地点。在通向斯大林格勒的各条道路上，出现了一条条由军队、汽车、坦克、炮车连成的洪流，它们昼夜地向伏尔加河奔去，向顿河草原奔去。

最先进入指定地域的是科尔帕克奇少将指挥的第六十二集团军，该集团军辖 6 个步兵师、4 个团和 6 个独立团，防守着从顿河大弯曲部的克列茨卡亚至苏罗维基诺约 90 公里的防线。科尔帕克奇的部队一到，马上组织防御和火力系统，对阵地实施观察。科尔帕克奇站在一座小山岗上，通过望远镜观察周围的地形。他发现由于战线过长，苏军大部分阵地设置在光秃秃的草原上，没来得及利用周围河流沟谷等天然屏障。这一地形对防守极为不利，反而能有效地发挥德军空中和地面突击的优势，于是不由得担心起来。科尔帕克奇还不知道，友邻部队的情况更加糟糕，新改编的第六十四集团军还奔驰在由图拉向斯大林格勒进军的途中。

◎ 难阻潮水般的德军

7月14日，苏联最高苏维埃主席团通过决议，宣布斯大林格勒进入战争状态。

7月15日，斯大林格勒州决定在斯大林格勒城郊构筑第4道防御战壕。然而，没等工人们把简陋的壕沟挖完，战斗便打响了。

7月16日8时15分，希特勒带着随从兴致勃勃地登上飞机。3个小时后，飞机在维尼察降落，"克虏伯"轿车沿着简陋的小巷驶往被矮树环抱的"狼人"暗堡。盛夏的维尼察，白天酷热，夜里冰冷。希特勒很不适应环境潮湿的新营地，他抱怨这里蚊虫太多。幸亏前线的好消息大大缓解了因休息不好导致的情绪沮丧，保卢斯的第六集团军进攻顺利，希特勒高兴地对秘书说："用不了多久，我们就可以离开这个鬼地方了。"

7月17日拂晓，德第六集团军开始向斯大林格勒发起进攻。苏第六十二集团军第一九二师第六七六团在顿河草原的普罗宁村与第六集团军的先遣部队遭遇。第六七六团官兵依仗地形顽强抵抗，德军投入增援部队，大炮轰鸣，第六七六团有被围歼的危险，开始向后撤退。德军潮水般地朝着顿河大弯曲部猛扑过来。

这场规模不大的遭遇战揭开了斯大林格勒大战的序幕，它很快吸引了全世界人的目光，并逐渐演变成一场影响第二次世界大战进程的转折性战役。

斯大林格勒战役苏军炮台阵地

这一天，斯大林格勒方面军军事委员会在训令中阐明了斯大林格勒远接近地的战役总设想，并向所属部队下达了具体作战任务。

第六十三集团军：占领并固守顿河左岸从巴勒卡河至麦德韦季察河口的250公里长的战线，这相当于从巴甫洛夫斯克至谢拉菲莫维奇的距离。该集团军辖6个步兵师、3个坦克旅和2个独立坦克营，这些兵力要确保阻止德军突破顿河，并专门派出小股部队和侦察队与河右岸的德军进行火力接触。

第三十八集团军：7月18日接替第六十二集团军，防御麦德韦季察河口至克列茨卡亚河口一段地区，在这 60 公里长的地段上，阻止希特勒军队渡到顿河左岸，在右岸构筑桥头堡。集团军所属各部队沿河左岸在谢拉菲莫维奇、克列茨卡亚一带占领防御阵地，集团军内损失最严重的第一六二、第一九九和第二七七师进行兵员和武器补充。

第六十二集团军：以主力在顿河两岸大弯曲部的克列茨卡亚、苏罗维基诺地区长 50 公里的地段组织防御。先遣支队前出至楚茨坎河和奇尔河地区，并向切尔内什科夫斯基和托尔莫辛推进。该集团军辖 6 个步兵师、4 个军校学员团和 6 个独立坦克营。

第六十四集团军：7 月 18 日夜占领苏罗维基诺、上库尔莫亚尔斯卡亚长 120 公里的防御地区，先遣支队前出至齐姆拉河。该集团军辖 4 个步兵师、2 个步兵旅和 4 个军校学员团。

工程兵部队：构筑两道斜切阵地。第一道面向西北，在麦德韦季察河和伊洛夫利亚河一线；第二道面向西南，在梅什科瓦河、阿勃加涅罗沃、巴尔曼察克湖一线，准备构筑门桥渡口和架设桥梁。

航空兵第八集团军：实施空中侦察。掩护方面军各部队及其预备队的集结地域和展开地域；防止德军在第六十三集团军防御地带内渡过顿河，阻止德军兵团接近下阿斯塔崔夫、莫罗佐夫斯克地区。

各兵种合成集团军司令员决定把部队编成两个梯队，并留 1 个强大的预备队。第六十三集团军第一梯队由步兵第一二七、第一五三和第一九七师组成，每个师的防御地带宽达 40~102 公里；第二梯队距防御前沿 30 公里，由步兵第二〇三师担任；集团军预备队部署在距前沿 100 公里的地方，预备队辖近卫第十四步兵师、2 个坦克营和 1 个反坦克歼击炮团。第六十二集团军第一梯队由步兵第一九二、第一八一、第一四七师和近卫步兵第三十三师组成，各师正面防御地带宽 14~42 公里；第一九六师在集团军左翼的苏罗维基诺、下索洛诺夫斯基地区组织防御。第一八四师担任第二梯队，距主要地带前沿 30 公里；集团军预备队部署在集团军左翼的后方。

斯大林格勒战役中的苏军

此时，苏军在顿河大弯曲部的防御战日趋激烈。担任步兵第一九二师先遣支队的步兵第六七六团、炮兵第二九三团第一营、坦克第六四四营在普罗宁村与德军交火。第六七六团拼死阻击强大的德军，半面受围后不得不向该师的基本防御地带撤退。

7 月 19 日，苏第六十四集团军下达了如下战斗命令：

1. 德军在米列罗沃、卡缅斯卡克方向继续向南闯进，其先遣坦克部队于 1942 年 7 月 17 日占领了莫罗佐夫斯基，待德军战役预备队到达后，可能会进攻斯大林格勒。

2. 本集团军的任务：阻止德军突入斯大林格勒。为此，应占领并固守苏罗维基诺、下索洛诺夫斯基、佩谢尔斯基、普里斯捷诺夫斯基、苏沃罗夫斯基，直至顿河东岸地区，替换步兵第一四七师和第一九六师，并将先遣支队派往齐姆拉河。

7 月 20 日夜，苏第六十四集团军步兵第二二九、第二一四和第二十九师各师长、第一五四海军陆战旅旅长奉命采取紧急措施，保卫顿河渡口。各部队一到达，就立即占领了苏第六十二集团军以南苏罗维基诺 – 普里斯捷诺夫斯基 – 上库尔莫亚尔斯卡亚一线的防御阵地。这里距斯大林格勒西南 120~140 公里，可对北高加索方面军第五十一集团军起到掩护作用。

7 月 22 日，苏第三十八集团军司令莫斯卡连科少将接到命令，将部队改编为坦克第一集团军，辖坦克第十四、第二十八军，步兵第一三一师，坦克第一六八旅，以及 2 个防空炮兵团和 1 个反坦克炮兵团，总共仅有 100 多辆坦克。次日，一道命令又传至莫斯卡连科手里，让他两天后向德军发起反击。莫斯卡连科立即将司令部人员组织起来，随后便率领部队出发了。拟订计划、进行战斗准备均是在行进中完成的。

7 月 22 日夜，斯大林格勒再一次遭到空袭。18 架德军飞机冲破苏军的防空火力，投下近 40 枚爆破弹，主要轰炸方向是斯大林格勒的拖拉机厂及其工人住宅区，以及捷尔任斯基区的居民区。21 人在空袭中丧生，85 人负伤，一座居民楼遭到破坏。空袭还引起了火灾。此后几天，德军的空袭一再发生。德军的频繁轰炸造成通往斯大林格勒的铁路遭到严重破坏。7月下半月，斯大林格勒方面军部队的补给面临严重的困难。这一地区的交通运输网本来就不太发达，没有硬路面公路，根本承受不了大流量的运输。铁路干线不停地遭到轰炸，无法正常运输。

战斗在斯大林格勒的苏军火焰喷射手

◎ 这里，才是进攻重点

7月23日，一架从莫斯科机场起飞的专机穿过层层云雾，在斯大林格勒城内降落。苏军总参谋长华西列夫斯基上将以统帅部代表的身份走下飞机。他看见前来迎接的新任斯大林格勒方面军司令员戈尔多夫（接替任职仅10天的铁木辛哥）阴沉着脸，就知道前线的形势不太乐观。

同一天，希特勒召集军事将领在维尼察的"狼人"大本营开会。在仔细研究了前线形势后，希特勒决定加快进攻节奏，让霍特的第四装甲集团军帮助A集团军群进攻高加索。攻打斯大林格勒有保卢斯的第六集团军就够了，他认为苏联人快顶不住了，"只要最后一击，我们就扼住了斯大林的喉咙。"后来，希特勒接到保卢斯的密报后吃惊不小，立刻把陆军总参谋长哈尔德召来。两人在分析了前线形势后，确认苏军正在向斯大林格勒集结重兵。希特勒觉得这是最后击溃斯大林的难得机会。他对哈尔德说，他要改变作战计划，把苏军主力歼灭在伏尔加河畔。数小时后，一份密电从维尼察发出传到了第四装甲集团军司令霍特将军手里。正在向高加索全速前进的第四装甲集团军奉命停止前进，掉转头向顿河以南推进，越过卡尔穆克草原，配合第六集团军从南面进攻斯大林格勒。原先作为辅助目标的斯大林格勒一下变成了德军主要作战方向。

希特勒签发了第45号作战指令，命令A、B两个集团军群分别向高加索和斯大林格勒发起进攻，代号为"布伦瑞克"。

元首 元首大本营

国防军统帅部／国防军指挥参谋部／作战处 1942 年 7 月 23 日

1942 年第 551288 号绝密文件

仅传达到军官

第45号指令

我军于 1942 年 4 ～ 6 月间在东线南段发动了代号为"蓝色作战"的夏季攻势，从 6 月 30 日起，代号改为"布伦瑞克"。

一、为时 3 周多一点的行动中我给东线南翼规定的许多目标基本上达到了，只有铁木辛哥各集团军的少数兵力突围成功，抵达顿河南岸。估计苏军高加索地区的兵力会增援突围出去的兵力。

敌人其他兵力集团正集结于斯大林格勒地区，可能要死守该城。

二、接下来的作战目标

1. 陆军

（1）A 集团军群当前的作战任务：包围和歼灭业已逃过顿河到达罗斯托夫以南和东南地区的敌军兵力。

为此，应从在康斯坦丁诺夫斯卡亚－齐姆良斯卡亚地区建立的各个桥头堡派出强大的快速部队，向西南总方向，大体是向季霍列茨克推进，步兵师、轻装步兵师和山地师则在罗斯托夫地区渡过顿河。另外，先遣部队完成切断季霍列茨克、斯大林格勒铁路线的任务。

A 集团军群的两支装甲兵团（第二十三和第二十四装甲师）转隶 B 集团军群，继续向东南方向发动突击。

"大德国"步兵师作为陆军总司令部的预备队留在顿河以北地区，做好将该师随时运往西线的准备。

（2）歼灭顿河以南的敌兵力集团后，A 集团军群的首要任务是占领黑海的整个东海岸，摧毁黑海港口和敌黑海舰队。

另外，第十一集团军计划用于这一方向的部队（罗马尼亚山地军）渡过刻赤海峡，一旦 A 集团军群主力的推进产生了效果，就沿黑海海岸公路向东南方向突击。

以另一个兵力集团强渡库班河，夺取迈科普和阿尔马维尔高地。这个兵力集团可得到正在及时前调的高山部队的加强。该兵力集团在随后向高加索山脉西部山区推进和越过该山区的过程中，应利用所有可通行的道路前进，并且应在第十一集团军部队的协同下夺取黑海海岸。

（3）对东面的翼侧的掩护有了保障的情况下，应以一支基本由快速部队组成的兵力集团攻取格罗兹尼地区，以部分兵力尽可能在山地通道的制高点上封锁奥塞梯和格鲁吉亚的军用公路。随后，沿黑海海岸向前突击，夺取巴库地区。

集团军群可能在晚些时候会得到意大利阿尔皮尼军的加强。

A 集团军群作战行动的代号为"火绒草"。

（4）B 集团军群的任务：在向斯大林格勒推进途中建立起顿河防线，击溃正在组建的敌兵力集团，占领该城，封锁顿河和伏尔加河之间的陆桥以及河流。

之后，快速部队应沿伏尔加河向前推进，其任务是突至阿斯特拉罕，同时封锁那里的伏尔加河主要支流。

B 集团军群作战行动的代号为"苍鹭"。

2. 空军

空军的任务：先以强大兵力支援陆军渡过顿河，之后支援向东行动的重兵集团沿通向季霍列茨克的铁路向前推进，集中主要兵力消灭铁木辛哥集团军群。

另外，应支援 B 集团军群对斯大林格勒和阿斯特拉罕西部实施的进攻，并尽早摧毁斯大林格勒城。

机会一旦出现就应对阿斯特拉罕进行空袭，通过布雷阻止伏尔加河下游的船只来往。

在之后的继续作战中，应将空中作战行动的重点放在与向黑海各港口推进部队进行协同作战上。在这方面，除直接支援陆军外，还应与海军一起阻止敌海军部队发挥作用。

其次，应派出足够强的兵力配合经格罗兹尼向巴库实施的突击。

由于高加索的石油生产对将来的作战具有决定性作用，所以对那里的生产设施、大型储油设备和黑海沿岸转运港的空袭只有当陆军的作战行动绝对需要这样做时才能实施。然而，对于尽快切断敌人来自高加索的油料补给来说，尽早切断尚可用于运输油料的铁路区段和输油管道，空袭里海的海上交通线，无疑是非常重要的。

3.海军

海军的任务：直接支援陆军横渡刻赤海峡，以在里海可供使用的海军力量阻止敌人从海上破坏我方在黑海沿岸的作战行动。

为了减轻陆军补给方面的压力，尽快通过刻赤海峡向顿河派出若干艘海军驳船。

另外，海军总司令部应做好各项准备，以便在里海使用轻型海军力量破坏敌人的海上交通线。

三、中央和北方集团军群战区正在准备的所有局部行动，应尽快地予以实施。这必须通过最大限度地造成敌指挥机构和部队的瓦解和溃散来实现。

北方集团军群应准备在9月初前占领列宁格勒，其代号为："猛烈射击"。

除要装备重型和超重型火炮及配属必要的其他陆军部队外，还应将第十一集团军的6个师调来。

将2个德国师和2个罗马尼亚师暂时留置在克里木，第二十二师（已下达命令）调给东南线国防军司令指挥。

四、需要特别指出的是，研究、传达本指令和与此有关的命令、规定，应遵守7月12日下达的关于保密的命令。

（签字）阿道夫·希特勒

23日晚8时，德第六集团军司令部召开紧急作战会议。集团军司令保卢斯说："先生们，刚刚收到元首签署的第45号作战密令，斯大林格勒战役即将开始。"

保卢斯看着军官们兴奋的神色，继续说："元首给我们B集团军群的任务是，向斯大林格勒推进的过程中建立起顿河防线，击溃正在组建的敌军集团，占领该城，封锁顿河和伏尔加河之间的陆桥以及河流。"

保卢斯说完后，参谋长施密特少将开始布置具体任务："为了抢在苏军后备军赶来之前夺占该城，我集团军分成两个突击集群。北部集群由第十四装甲军、第八步兵军（后来还有第十七军）组成，位于佩烈拉佐夫斯基；南部集群由第五十一步兵军、第二十四装甲军组成，位于奥勃利夫斯卡亚地区。两个突击集群在顿河大弯曲部沿河岸向卡拉奇推进，在此会师，强渡顿河，夺占斯大林格勒。"

施密特布置完任务后，面向地图："苏军正在斯大林格勒集结重兵，他们的司令官由戈尔多夫接替了铁木辛哥，在巴甫洛夫斯克到库尔莫亚尔斯卡亚一带设置防线，防线正面530公里，纵深120公里。兵力配备由第二十一、第六十二、第六十三、第六十四集团军做第一梯队；第五十七、第二十八、第三十八集团军为预备队。他们集团军番号虽多，但有的是由原西南战区溃退的散兵收容组成，有的则刚从后方调来，缺少作战经验，武器装备严重不足。苏军的外围防线也只是一些普通的野战沟壕，对我军不会构成大的威胁。战役打响后，意大利第八军团、罗马尼亚第三军团将会赶来参战。

保卢斯最后总结："先生们，攻打斯大林格勒是我集团军历史上最大的一次攻坚作战。你们必须明白，敌军危在旦夕，只要再来一次果断的冲击，敌人就垮了。快去准备吧，动作要快、要猛！"

◎ 不准后退一步

7月24日拂晓，上布津诺夫卡、马诺伊林和卡缅斯基一带响起激烈的枪炮声。德军北部集群以优势兵力向苏第六十二集团军右翼阵地扑来，第六十二集团军近卫第三十三师、步兵第一九二师、第一八四师奋起迎战。德军以第十四装甲军第一一三师和第十六装甲师冲击苏军近卫第三十三师第八十四团阵地。空中黑压压的飞机助战，地面上数百辆坦克卷起滚滚尘烟。这一天，苏军第八十四团共击毁德军坦克45辆，打退了数十次进攻。

德军加强进攻，终于突破了苏军第一八四师、第一九二师的阵地。战斗异常惨烈，德军一个营的兵力出现在苏第一九二师司令部。师长扎哈尔琴科立即组织参谋人员反击，他率领20多位师部参谋边打边撤。空中出现了德军的飞机，扎哈尔琴科操起机枪对空猛扫，一架德机被击中油箱，摇摇晃晃坠落了下来，苏军战士齐声喝彩。这时，一颗炮弹飞来，扎哈尔琴科当场牺牲。这场战斗结束时，苏军第一九二师伤亡大半。

24日夜，苏第六十二集团军各部同突入防御纵深的德军发生激战。德军飞机对第六十二集团军阵地狂轰滥炸，第六十二集团军第一八四师、第一九二师、近卫步兵第三十三师、坦克第四十旅，第六四四营、第三十炮兵团陷入重围。第六十二集团军司令部作战处处长茹拉夫廖夫上校，冒着德军炮火乘飞机抵达被围阵地，组织剩下的500名士兵顽强抵抗。

24日24时，苏第六十二集团军司令员科尔帕克奇在呈送斯大林格勒方面军的报告中，心情沉重地写道：

1. 敌人向集团军中央和左翼的步兵发起攻击，并继续调摩托机械化部队，准备在右翼实施战斗。同时，突入的集群意图瘫痪我方指挥，向卡拉奇推进。

2. 未获第一八四、第一九二步兵师的情况，已派一个坦克通信分队恢复联系。

3. 我决定继续坚守已占领地区，消灭突入防御纵深的敌军集团。

科尔帕克奇决定背水一战，与阵地共存亡。此时，位于苏第六十二集团军右翼阵地的第六十四集团军也陷入困境。崔可夫中将指挥的第六十四集团军7月上旬奉命由图拉南下，7月17日，顿河上的战斗打响时，第六十四集团军刚下火车，连夜奔袭，21日匆匆进入阵地。集团军的辎重尚未完全到位，德军便开始发动进攻。

苏第六十四集团军在光秃秃的阵地上筑起了"血肉长城"，终因寡不敌众，第二二九师、第二一四师阵地被突破。崔可夫果断地将被围的第二一四师、第一五四海军旅撤至顿河左岸，才避免了全军覆没，但是顿河右岸的奥勃利夫斯卡、上阿克先诺夫斯卡亚地区丢掉了。

深夜，华西列夫斯基在方面军司令部见到了科尔帕克奇的报告。他明白，再不采取果断措施，整个防线就要崩溃。华西列夫斯基一到方面军司令部就忙于调兵遣将，想方设法堵住顿河弯曲部的防线。他对第六十二集团军防线被突破很不满意，曾直截了当地责备方面军司令员戈尔多夫对部下指挥不力，使斯大林格勒远接近地，防线受到威胁。

临上飞机前，斯大林嘱咐华西列夫斯基："敌人采用声东击西战术，把一些部队调到齐姆拉河以吸引我们的注意，想借此机会将主力调到第六十二集团军右翼。顿河弯曲部危机已影响全局，你要想办法恢复其原来的状态。"这个时候，华西列夫斯基觉得执行斯大林的命令难度非常大，他开始意识到局势为什么会这样。桌上放着斯大林格勒方面军的最新战报摘要，与第六十二、第六十四集团军对峙的德第六集团军在数量上占有绝对优势：其步兵为苏军的 1.5 倍，炮兵为苏军的 2.6 倍，坦克为苏军的 2 倍。苏军阵地工事简陋，第六十四集团军刚进入阵地就投入战斗，弹药不足、缺乏经验影响了战局。

华西列夫斯基没有更多选择，第二十一、第六十二、第六十三、第六十四集团军正在与德军交战，唯一可支配的只有还在组建中的坦克第一和第四集团军。把正在组建中的部队投入炮火连天的前线，无疑犯了兵家大忌，然而除此之外也没有其他办法了。

7 月 25 日，天刚破晓，德第六集团军的北方集群坦克部队已逼近卡拉奇渡口。德军一旦占领渡口，会将城内苏军的补给线切断，德军会源源不断渡过顿河。危急时刻，还在组建中的苏坦克第一集团军赶到，双方展开了激烈的坦克大战。

苏坦克第一集团军司令员莫斯卡连科拨通了第二十八军军长罗金的电话："罗金同志，组织突击队从侧翼发动进攻！"

阵地后方突然出现了苏军十几辆坦克，它们是沿着一条弯曲的道路挺进的，战场形势起了变化，德军开始撤退，苏军坦克占领了阵地。莫斯卡连科刚松口气，又接到报告，友邻部队坦克第四集团军在顿河西岸陷入德军包围，让他立刻前去增援。

苏军坦克的反击挡住了德军沿顿河右岸向南、向东挺进的势头，并冲破了德军对第六十二集团军的合围。

这一天，德军以两个步兵师和 1 个坦克师的优势兵力攻打苏第六十四集团军第二二九师，该师防御正面近 15 公里，只有 5 个营的兵力。德军在数量上占绝对优势，但接连发动数次进攻都失败了。

中午，苏军死伤大半，弹尽粮绝，德军在一次猛烈的进攻后，终于得手。该师指挥所亦受德军攻击，师长被迫后撤，与部队失去了联系。

7 月 26 日，德军坦克突破苏军第二二九师的防线，向顿河右岸继续推进。苏军第六十四集团军副司令员崔可夫接到报告，急调海军陆战第六十六旅 1 个炮兵营阻击。崔可夫站在前沿掩蔽内，一只手拿着望远镜，一只手拿着电话筒，扯着沙哑的嗓门喊："中尉同志，无论如何要挡住坦克，你的后方已没有预备队可用！"

炮兵营长达特里耶夫中尉把部队拉向前方时，看见德军 40 多辆坦克边开炮边冲了过来。他立刻命令战士在裸露的地形上摆开阵势，冒着炮火，等德军坦克抵近炮阵地 400 米处才下令开火。德军坦克的阵形乱了，滚滚浓烟遮蔽了一切，好几辆坦克烧了起来，德军开始撤退。

战后，崔可夫元帅在回忆起这场战斗时说："假如那天没有炮兵营及时赶到，行进中的德军就占领了下奇尔斯卡亚，渡过奇尔河，先于我军抵达旧马克莫夫斯基、奇尔火车站和雷奇科夫斯基地区，从南面逼近第六十二集团军的翼侧和后方。如此一来，坦克集群的反突击取得的战果将会丧失殆尽。"

7 月 28 日，斯大林以苏联国防人民委员会的名义颁布了第 227 号命令。命令毫不隐讳地指出了国家面临生死存亡的关头，要求军人们停止后退，坚决抵挡住德军的攻势。命令内容摘要如下：

敌人不惜一切代价向前线投放新锐部队，拼了命地发动攻势，向我腹地扑来，侵占我们的土地，抢劫我们的城市和乡村，奸淫妇女，劫掠与杀害我国人民。

战斗在沃罗涅日地区，在顿河流域，在南方，在北高加索大门口激烈展开。德军扑向斯大林格勒，扑向伏尔加河，妄图不惜一切代价占领拥有丰富石油资源和粮食的北高加索和库班河流域。

敌人占领了伏罗希洛夫格勒、斯塔罗别尔斯克、罗索希、库皮扬斯克、瓦卢伊基、诺沃切尔卡斯克、罗斯托夫及半个沃罗涅日……乌克兰、白俄罗斯、波罗的海沿岸、顿巴斯和其他地区沦陷后，我们的国土急速缩小，人口、粮食、金属、厂矿亦减少了很多。7000 多万同胞丧失了生命，每年还要损失 8 亿普特（笔者注：普特为苏联当时使用的一种计量单位，1 普特 =40 俄磅 ≈ 16.38 千克）粮食，1 千多万吨金属。

当前，我们没有了人力后备和粮食储备优势，后退就等于自杀，等于亡国。

我们每丢掉一寸土地，等于是给敌人增添了一分力量，而对我们的国防乃至祖国则是一种极大的削弱。鉴于此，我们一定要彻底清除无休止的退却论，清除我国地广物丰、人口众多论以及粮食有余论。这些论调是虚伪的、有害的，只能起到瓦解自己斗志，助长敌人威风的作用。我们如果不停地后退，就会失去粮食、燃料、金属、原料、工厂和铁路。

由上可知，是时候停止撤退了。不许后退一步，应成为我们的主要口号。我们要不怕流血牺牲，顽强死守每一个阵地、每一寸土地，直至最后一息。

祖国处在危难之际，我们首先要站稳脚跟，然后不惜一切代价击退并消灭敌人。法西斯德国的军队并不像张皇失措的人想象得那样强大，他们是在做最后的挣扎。当下及近几个月内顶住敌人的突击意味着胜利将属于我们。我们能否顶住敌人的攻击，并将其赶回西边去呢？当然，我们会做到的，因为我们后方的工厂干得很出色，前方能够补充到越来越多的飞机、坦克、火炮和迫击炮。

那么，我们还缺些什么呢？我们连、营、团、师，坦克部队和飞行大队里的秩序和纪律不够好。这是我们眼前的主要缺点。如果我们真想挽回局势，真想捍卫祖国，就应该在军队建立起严格的秩序和纪律……

对张皇失措者和胆小怕死者不能心软，应就地枪决。今后，没有上级首长的命令，不准后退一步，这个要求应成为每个红军指挥员、战士、政治工作人员铁的纪律。

第 227 号命令对苏军士气产生了巨大的影响，各级党团组织结合当时的任务向军人们宣讲了命令的内容。第六十四集团军司令员舒米洛夫后来回忆道："命令一到，马上向全体指战员做了传达，以便部队能够正确理解命令的内容。""集团军所属各部队再没有发生过没有接到命令便放弃哪怕一寸土地的情况。比如第一二六师，许多人阵亡在防御区内。在师长带领下，没有命令就无一人后退。"

7 月 28 日 16 时 45 分，苏军最高统帅部向斯大林格勒方面军司令员戈尔多夫下达命令："鉴于奇尔河口以南的第六十四集团军第二一四步兵师已经撤到顿河东岸，敌人抵达西岸，下奇尔斯卡亚至斯大林格勒方向是目前整个战线最危险的方向，因而也是最主要的方向。危险就在于敌人渡过顿河后，必定由南面向斯大林格勒迂回，并进入斯大林格勒方面军的后方。"

苏军最高统帅部要求斯大林格勒方面军采取积极行动，消除威胁，"方面军近日的主要任务：第六十四集团军各部队、连同抵达卡拉奇及其以南的步兵第二○四、第三二一师和坦克第二十三军积极行动，最晚不迟于 7 月 30 日粉碎下奇尔斯卡亚以南抵达顿河西岸的敌人，全面恢复斯大林格勒地区的防御。"

7 月 31 日，苏军茹拉夫廖夫上校率领被围的第六十二集团军残部 5000 人，在坦克第一、第四集团军配合下，突破德军的围困，回到后方阵地。

7 月末的最后几天，苏军用血肉之躯筑起了钢铁防线，打破了德军在行进间抢夺顿河渡口、占领斯大林格勒的意图。

第三章　誓死捍卫

　　"开炮！"随着一声令下，炮弹如一阵冰雹倾泻在山谷里。群山在颤抖，大地在摇晃。崔可夫从望远镜里看到山谷里冒起一股股浓浓的黑烟和火焰，数十辆坦克燃烧起来，发出噼里啪啦的响声，惊慌失措的德国士兵四散奔逃。

◎ 没有退路

7月29日，德第四装甲集团军没遇到什么抵抗便渡过了顿河，出现在斯大林格勒南部。自夏季作战以来，第四装甲集团军连战皆捷。接到希特勒命令后，即刻南下，只用3天时间就奔袭数百公里。防守这一地区的是苏军第五十一集团军，该集团军只有4个步兵师、2个骑兵师，防线长达200公里，兵力分散，没有坚固的防御工事，防线很快就被德国的战车冲垮了。

8月3日，霍特的第四装甲集团军长驱直入，进抵阿克赛河。

8月5日，第四装甲集团军向阿克赛河一带的苏军第一三八师和第一五七师阵地扑来。德军先是飞机轰炸，随后是火炮轰击，继而步兵和坦克向前推进。趁苏军立足未稳，德军一天内发动了十几次进攻，终于冲垮了苏军顽强的防守，从两个师的接合部揳入数公里。当晚，苏第六十四集团军副司令员崔可夫将两位疲惫的师长从阵地上找来，告诉他们德军在前面山谷集结了大量的坦克。

8月6日凌晨，苏第六十四集团军第一三八师和第一五七师所有的400多门大炮指向了那片幽幽山谷。"开炮！"随着一声令下，炮弹如一阵冰雹倾泻在山谷里。群山在颤抖，大地在摇晃。崔可夫从望远镜里看到山谷里冒起一股股浓浓的黑烟和火焰，数十辆坦克燃烧起来，发出噼里啪啦的响声，惊慌失措的德国士兵四散奔逃。

这一天，斯大林根据形势变化，调整了苏军指挥系统，将原斯大林格勒方面军分为两个独立方面军：东南方面军和斯大林格勒方面军。东南方面军由戈尔多夫中将任司令员，辖第六十四、第五十七、第五十一、近卫第一集团军、坦克第三军和航空兵第八集团军；斯大林格勒方面军由叶廖缅科上将指挥，辖第二十一、第六十二、第六十三集团军、坦克第四集团军、第八军和航空兵第十六集团军。斯大林在给两位方面军司令员的训令中指出，不惜一切代价粉碎敌军从南、西两个方向进攻斯大林格勒的企图。

此时，德第四装甲集团军凭借优势兵力冲破了苏第六十四集团军的防御阵地，向左翼阿布加涅罗沃和京古塔区域进发。经过两天激战，势单力薄的苏军被击溃，德军占领了第74公里会让站，这里距斯大林格勒市区只剩30公里。

8月7日，斯大林格勒方面军司令员叶廖缅科命令方面军预备队4个师和1个坦克旅，不顾一切挡住德军的攻势。在第74公里会让站，苏军坦克第一三三旅打得非常顽强。旅长布勃诺夫进攻前对全旅官兵说："弟兄们，我们没有退路，因为我们身后就是伏尔加河和祖国。"说完，旅长率先驾驶一辆坦克向德军冲了过去。德军终于被赶出第74公里会让站，但第一三三旅1200多人伤亡了近400人。几天后，德军增援部队抵达第74公里会让站，与苏第一三三旅遭遇，展开混战。混战的结果是，德第十四装甲师第三十六团200多辆坦克只剩下24辆。德军不甘于失败，又源源不断投入新的兵力。坦克战一直持续到17日，双方损失惨重。

与此同时，西面德军保卢斯的第六集团军乘霍特的第四装甲集团军节节推进之际，以两个军的兵力向苏军第六十二集团军南北两翼发起攻击。第六十二集团军被迫撤至顿河左岸。

8月12日，苏军总参谋长华西列夫斯基再次飞抵斯大林格勒督战，苏军在缺少树木的顿河草原上仓促挖掘战壕，组织新的防线。

同一天，英国首相丘吉尔应斯大林的邀请来到莫斯科。下午5点，丘吉尔的座机安全抵达莫斯科中央机场。迎接来客的有苏联外交人民委员莫洛托夫和一批苏军将领，以及外交使团和美英两国大使。简短的仪式后，莫洛托夫陪同丘吉尔一行下榻在莫斯科郊外。当晚，丘吉尔和美国总统代表哈里曼应邀去见斯大林。

在克里姆林宫会客室，斯大林带着拘谨的微笑迎接丘吉尔。两位昔日宿敌，如今成了盟友坐在一起。会谈一开始，丘吉尔便开诚布公地说起此行目的："我这次来是要向大元帅阁下说明英美两国政府的决定，在1942年我们两国军队无法在法国沿岸登陆，进行一次大规模的军事进攻。"

接着丘吉尔开始详细说明为什么采取这一决定，9月是英吉利海峡靠得住的最后一个月，余下时间不可能发动一场大规模的渡海作战。盟国登陆艇眼下只够运送6个师的兵力上岸，这实在太少了。

丘吉尔的话无疑给斯大林火热的心头浇了一盆凉水，他怀疑狡猾的英国人在推诿，想让苏联红军孤军奋战，等希特勒的势力被削弱后再动手。斯大林逐点批驳丘吉尔的话，最后激愤地说："不想冒险，就很难赢得战争。我不明白，你们为什么如此害怕德国人？"

丘吉尔和斯大林

丘吉尔早已料到自己的一番话会引起斯大林的激动情绪，处于为生存而战的苏联人迫切希望看到盟国在欧洲开辟第二战场，但他不能冒太大风险。丘吉尔不愧为外交谈判高手，为打破僵局，他拿出一幅地图，就开辟第二战场的问题说："大元帅阁下，我认为法国并不是开辟第二战场的唯一地点。我和罗斯福总统已商定了另一项计划，那就是英美军队在北非发动攻势的'火炬'计划。"

为说明"火炬"计划的重要性，丘吉尔在纸上画了一条鳄鱼，强调说："'大铁锤'风险太大，因为它打击的是希特勒这条鳄鱼坚硬的口鼻部，弄不好会被它一口吞了。而'火炬'是在这条鳄鱼柔软的下腹部燃烧，风险小威力却大。"

斯大林立刻明白了盟军在北非登陆对反法西斯战争的意义，虽然在近期内这一行动无法减轻苏联战场的压力。其实，丘吉尔并没有说服斯大林，英、美政府放弃"铁锤"计划，显然只是从本国利益出发，不愿为处于战火中的苏联"两肋插刀"，这无疑是给了正在为生存而战的斯大林当头一棒，他内心的愤怒可想而知。

半夜时分，丘吉尔和哈里曼满意地离开了克里姆林宫。

次日，斯大林向丘吉尔和哈里曼递交了一份措辞强硬的备忘录：

苏联统帅部是以 1942 年在欧洲开辟第二战场为前提来制订夏秋军事行动计划的。英国政府拒绝在 1942 年开辟第二战场，对苏联人民是一个精神打击……使红军在前线的态势复杂化。

我和我的同事认为，1942 年在欧洲开辟第二战场已经具备非常有利的条件，因为绝大多数德军精锐部队都调到了东线。……1942 年不仅可能，而且应该开辟欧洲第二战场。为此，我曾尽力说服首相先生，不幸没有收到成效，而美国总统代表哈里曼先生在莫斯科会谈中则完全支持首相先生。

丘吉尔不由得为英美两国政府决定滔滔不绝地争辩一番，最后斯大林和丘吉尔选择以大局为重，握手言和。临别之夜，斯大林在他的私人别墅孔策沃设宴为丘吉尔饯行，两巨头政治家谈笑风生。

斯大林对丘吉尔的来访，由最初的热切期待到愤怒和失望，最后不得不咽下丘吉尔给他带来的苦果。大敌当前，他深知不能与盟国弄僵，只能在心里骂一句："狡诈的英美资产阶级！"

◎ 异常惨烈的战斗

8 月 15 日凌晨，德军以 16 个师的兵力将苏第六十二集团军分割包围。德军战车肆无忌惮地横冲直闯，空中密密麻麻的飞机向苏军阵地俯冲轰炸。苏军第一九二师殊死抵抗，参谋长塔兰采夫重伤身亡，师长茹拉廖夫上校身负重伤。师政治部主任谢列布里亚尼科夫指挥全师，最后也阵亡了。第一九二师 3000 多人，除数百人突围外，全部阵亡。位于顿河右岸的苏军第一八四、第二〇五师同样损失惨重。

8 月 17 日，德军以巨大的代价占领了顿河左岸。历时一个月的顿河弯曲部战斗拉下了帷幕。在这一个月中，苏军顽强抵御，使德军总共只推进 60 至 80 公里。希特勒只得放弃行进间占领斯大林格勒的计划。

17 日晚，德第六集团军司令保卢斯获悉部队已占领顿河弯曲部，大大松了一口气。尽管德军为此付出的代价很大，但是他脸上依然挂着骄横的神色，对副官说："该发动总攻击了。"

8月19日18点45分，保卢斯签署了"进攻斯大林格勒"的命令。命令指出："由于近几周的致命突击，苏联人已经没有力量负隅顽抗下去。"他想当然地认为德军大获全胜指日可待。

　　8月20日，德军开始发动新一轮攻势，分成南、北两侧突击集群。南部突击集群是霍特第四装甲集团军，除原有编制外，还增加了第二十四装甲师和第二九七步兵师，计划从普洛多维托耶、阿勃加涅罗沃出发，占领京古塔车站，沿铁路线向北突击。北部突击集群是保卢斯的第六集团军，担任主攻，计划在佩斯科瓦特卡和特烈霍斯特罗斯卡亚之间强渡顿河，在雷诺克方向突击斯大林格勒北部，直抵伏尔加河。两个集团军共18个师，21万人，配备2100门大炮，1100架飞机，意大利第八集团军和罗马尼亚2个师担任侧翼掩护。对于这次进攻，希特勒寄予很大希望。进攻命令下达后，他得意地对身边的女秘书说："跟我去斯大林格勒吧，时间不会太久的。"

　　战斗打响后，北部突击集群遇到了苏军的顽强抵抗，但第六集团军还是取得了一定的进展，第十四装甲军攻占了顿河小弯曲部的登陆场。到22日，德军已将突破口扩大到45公里。南部突击集群虽不是主攻，也不甘落后，起初进攻受挫，后来将突击方向由阿勃加涅罗沃东移后，在21日日落前，终于突破苏军第五十七集团军的右翼。还剩一道防线，德军坦克就能长驱直入，饮马伏尔加河。

　　8月23日，是个令人难忘的日子。清晨，德第十四装甲军开始向雷诺克方向的苏第六十二集团军和坦克第四集团军接合部发起冲锋。第十四装甲军是保卢斯的王牌，每次作战必打头阵。骄横的第十四装甲军军长维特尔斯盖伊姆先让飞机和大炮狂轰苏军阵地，随后下令坦克发起冲锋。

阻击德军的是苏第六十二集团军步兵第八十七师。该师在 22 日日终前奉命换防，行军途中遭德军飞机轰炸。尚未完全进入阵地，德军的坦克就冲了上来。全师被分割成零星小股，拼死抵抗，弹尽粮绝，伤亡惨重。德第十四装甲军冲垮苏军阵地后，长驱直入，切断了斯大林格勒城北守军（斯大林格勒方面军）与市区守军（东南方面军）间的联系。

与此同时，在斯大林格勒城西南部，德军南部突击集群也发起了进攻。中午 12 时，德军南部突击集群占领第 74 公里会让站和京古塔车站，将苏军第三十八步兵师围困起来。

位于查里查河左岸坑道的苏军东南方面军指挥所的电话骤然响了起来。空军第八集团军参谋长谢列兹涅夫上校报告："据飞机侦察，小罗索什卡地域发生激战。敌两路坦克纵队每路约 100 辆，后面是满载步兵的大批汽车纵队，向斯大林格勒市区逼进。敌空军现正轮番轰炸我军阵地。"

"第八集团军所有飞机全部起飞，轰炸敌军阵地！"斯大林格勒方面军司令员叶廖缅科大声命令。

小罗索什卡由苏第六十二集团军防守，德军突然出现在这一地域，表明德军在苏军阵形中已穿插纵深达 60 公里。华西列夫斯基双眉紧锁，与叶廖缅科商量该抽调哪些部队去堵缺口。正在这时，东南方面军工程兵主任舍斯塔科夫少将、后勤部部长阿尼西莫夫少将走进指挥所，对着叶廖缅科一个立正，汇报道，在斯大林格勒拖拉机厂修建的一座横跨伏尔加河的浮桥已提前两天完成任务，桥长 3 公里多。这座浮桥是 10 天前方面军决定修造的，为的是让拖拉机厂每天制造的 50 多辆坦克及大炮迅速开往战场。小罗索什卡离拖拉机厂只有 5 公里，没想到形势发生了突变。

叶廖缅科竭力平静地说："我代表方面军嘉奖所有建桥人员。现在，我交给你们俩一个任务：炸了它。"足足一分钟，舍斯塔科夫和阿尼西莫夫才回过神儿来。等到明白非这样做不可时，两个人摇摇头沮丧地走了出去。这让司令部的人情绪越发低落，他们发现舍斯塔科夫是含着泪走的。然而，华西列夫斯基却振奋起来，他在地图上顿河与伏尔加河间画了一道线，说："把工人狙击营、军政学校学员营组织起来，加强这一带的防御，消除德军走廊的威胁。"

小罗索什卡战斗异常惨烈。驻守在无名高地的苏第六十二集团军第八十七师第一三七九团的 33 名战士一天之内打退了德军十几次进攻。起初德军出动了 70 辆坦克，以一个营的步兵将高地团团围住。初级政治指导员叶夫季费耶夫面对数倍于己的德军，临危不惧，将大家召到一起："沉住气，放近了打。"德军依仗优势兵力，横冲直撞，正好成了叶夫季费耶夫等人的靶子。前面数辆坦克一下就被击毁了，但其余仍冲了上来。战斗进行了一整天，33 名苏军士兵打死了 150 多名德军，击毁 27 辆坦克，而只有一名红军战士负了轻伤。当晚，叶夫季费耶夫接到命令，向德军发动反击。

反击由斯大林格勒方面军副司令科瓦连科少将亲自指挥。科瓦连科是个有经验的红军指挥官，14 时接到命令，仅用 5 个小时就把突击集群召集起来。共有 3 个步兵师、1 个坦克旅、1 个坦克军。任务是突破德第十四装甲军形成的长 60 公里、宽 8 公里的阵线。

16 时，德第十四装甲军进入拉托善卡、阿卡托夫卡、雷诺克一带，直扑伏尔加河，威胁斯大林格勒北郊的拖拉机厂。

16 时 18 分，斯大林格勒城市上空突然响起凄厉的空袭警报。整个城市惊呆了，车辆停止了行驶，行人奔向附近防空掩蔽部，街道上响着警察刺耳的警笛。空中出现了数百架德国轰炸机，扔下了数千枚炸弹和燃烧弹，城市上空浓烟滚滚，火光冲天。

此时的斯大林格勒酷热异常，当德军轰炸时，正刮着大风，风助火势，一条条火龙吞噬着一间间房屋，一条条街道。成千上万座建筑倒塌了，斯大林格勒变成了一片火海，数百名平民葬身于大火。德军的空袭持续了数小时，晚上斯大林格勒上空被火光照得如同白昼。空袭将苏军通信线路破坏了，那一夜许多部队与指挥所失去联系，陷入了一片混乱。

德军空袭半小时后，莫斯科与斯大林格勒失去了联系。最高统帅斯大林来到通信机房，焦急地等待着。机要秘书戴着耳机不停呼喊，数小时过去了，仍未联系上。

17 时 40 分，斯大林格勒拖拉机厂厂区响起了警报，工人们连工作服都未来得及换，便迅速奔赴集结地，拿起武器，组成工人营。这支工人营当晚便进入了麦切特卡河一带的防御阵地。工人们架好机枪，挖好掩体，准备战斗。德军坦克出现了，工人们举枪射击。参战第一天的工人们便打退了数倍于己的德军。同时，与德军激战的，还有红十月厂、街垒厂工人营，以及捷尔任斯基区、伏罗希洛夫区、叶尔曼区的民兵队伍。斯大林格勒军民并肩作战终于挡住了德军的猛烈攻势。

晚上，斯大林格勒方面军副司令科瓦连科指挥坦克突击集群悄悄逼近德军阵地。随着炮声轰鸣，战斗开始了。德第十四装甲军因穿插速度过快，两翼步兵未能跟上，在苏军冲击下阵形大乱，但是很快便稳住了阵脚。苏军突击集群兵分两路，一路受挫，另一路进展顺利，于 24 日凌晨 2 时冲进了大罗索什卡地域，切断了德第十四军后勤供应车队，后来德军的增援部队赶到，又恢复了供应。

23日24时，斯大林格勒终于与莫斯科恢复了联系。华西列夫斯基向斯大林汇报："城南德军占领了京古塔车站、第74公里会让站。城北德军已进抵斯大林格勒北郊，被阻后，开始向斯大林格勒拖拉机厂进攻。敌人在维尔加契田庄、佩斯特瓦特卡车站一带突破斯大林格勒方面军的左翼防御，并从拉托申卡地域向东突击，已前出至伏尔加河，将我方面军分割为两部分。敌军航空兵猛烈空袭斯大林格勒，城市处在火海之中。伏尔加河水上航道和供应我军给养的铁路线均遭到严重破坏。"华西列夫斯基最后强调，"形势万分危急，但是斯大林格勒仍在我们手中。"

◎ 朱可夫成了大救星

8月24日，斯大林格勒城防委员会通过了一项决议，该决议指出："对乘机掠夺居民者和抢劫犯可不经侦查审讯就地枪决；对其他严重违反城市公共秩序和社会治安的分子，立即交军事法庭审判。"

24日24时，斯大林格勒方面军军事委员会发布命令，宣布斯大林格勒进入戒严状态。命令指出，将采取严厉措施，维护市内的正常秩序和纪律。

8月26日，斯大林格勒形势十万火急，必须昼夜不停地构筑街垒，特别是加紧在捷尔任斯基区、叶尔曼区的街道上以及红十月厂、街垒厂、斯大林格勒拖拉机厂构筑街垒。斯大林格勒城防委员会任命了构筑街垒和动员市民施工的特命全权代表，规定要把所有材料和建筑物都利用起来，不管这些东西属于哪个组织或部门。

同时，斯大林格勒城防委员会还向市民公布了《保卫斯大林格勒号召书》：

亲爱的同志们！

亲爱的斯大林格勒市民们！

凶残的敌人已经兵临城下，我们 24 年前遭受的苦难今天又开始上演了。

杀人不眨眼的希特勒匪徒正向太阳城——斯大林格勒，正向苏联伟大的河流——伏尔加河猛扑过来。

我们的红军战士正在奋不顾身地保卫斯大林格勒，接近地上布满了法西斯德国匪徒的尸体。法西斯头子希特勒纠集了越来越多的亡命徒，妄图不惜一切代价侵占斯大林格勒。

斯大林格勒市民同志们！

我们决不能把城市家国拱手送给凶残的敌人，我们要把市内每条大街变成敌寇无法通过的街垒，把每所住宅、每个街区、每条街道都变成坚不可摧的堡垒。

赶紧行动起来，构筑街垒，阻挡德军入侵的步伐。我们要组织工作队将手边的石头、木料、铁器、电车车厢充分利用起来，在每条街道都筑起街垒工事。

街垒要赶快构筑好，好让我们的战士——斯大林格勒的保卫者们用我们筑起来的街垒痛击敌人。

亲爱的红军战士们！斯大林格勒的保卫者们！

为了保卫这座美丽的城市，我们将全力支援你们，决不后退一步，狠狠地打击敌人。凶残的法西斯匪徒犯下了许多兽行，为了被毁掉的家园，为了孩子、母亲、妻子流的血和泪，向这些匪徒报仇雪恨！

斯大林格勒的保卫者们！

在 1918 年，我们的父辈击退了德国雇用的匪帮，守住了红色的察里津。1942 年的今天，我们也一定能守住荣膺红旗勋章的斯大林格勒。我们一定要坚持下去，痛击敌人，彻底消灭残暴的德国入侵者。

修筑街垒去！

所有可以拿起武器的人，都要走上街垒，保卫我们的城市，保卫我们的家园。

5600 名斯大林格勒市民热烈响应号召，走上街头，构筑市区街垒。工人们在幸存的企业里修理战车和武器，街上因房屋倒塌到处堆积的渣土和石块的清理工作也在进行，应急修复工作也在实施。红十月厂的工人 8 月 27 日修好了市自来水管道。斯大林格勒国营电站的工人工作队清除了毁坏的部分，修复了输电线路。被炸毁的桥梁、道路也在恢复。拖拉机厂一带有 3000 名工人，组成 52 个工作队参加了各车间和工人新村的应急修复任务。类似的工作在市内各区也在进行。

同一天，斯大林格勒方面军向各军事委员部下达了一系列任务："补充作战部队，动员人们参加市内各项工作。"州、市和各区兵役委员会的工作尽管是在德军飞机连续不断地轰炸下进行的，方面军首长下达的各项任务依然如期完成。截止到 9 月 10 日，斯大林格勒市民应征入伍者共计 11080 名。他们都是斯大林格勒本地人，对市区地形、建筑物分布特别熟悉，在即将到来的街垒战中发挥了很大的作用。

8月27日，有苏联红军和斯大林"救火队长"之称的朱可夫奉命离开西方面军赶往克里姆林宫。21时，斯大林在办公室接见了这位屡次临危受命的"救火队长"。每当战况危急，斯大林总会想到他，让他去承担几乎无法忍受的重任，先是到列宁格勒接替伏罗希洛夫元帅，后又到处于危难中的莫斯科组织防御，现在斯大林格勒又岌岌可危。

朱可夫

　　斯大林脸色忧郁地对匆匆赶来的朱可夫说："遇到麻烦了。德军有占领斯大林格勒的可能，高加索形势也不乐观。"
　　斯大林拿着烟斗的手挥了挥，期待地注视着朱可夫："国防委员会刚刚作出决定，任命你为最高副统帅，保卫斯大林格勒，我们不能失去这座城市。你有调动城内两个方面军、空军和其他部队及机动集结兵力的一切权力。"

斯大林一口气说完后，才发现朱可夫神色疲乏，关切地问："饿了吧？吃点东西。"

朱可夫边吃边听斯大林介绍斯大林格勒前线的战况，神情越发凝重。

8月29日，朱可夫的专机从莫斯科中央机场起飞。他透过舷窗，望着变幻莫测的白云，陷入了沉思。斯大林明确告诉他，非他莫属，这也是统帅部大本营和总参谋部的意见。战争时期，一个驾驭千军万马的统帅，他的心态与战场上的胜败休戚相关，而难以预料的战局又使胜败存在于一念之间。这次，朱可夫感到肩上责任无比重大，如果不能扭转战局，后果将不堪设想。

然而，朱可夫很快便从疑虑不安中解脱出来。他是一个具有刚强性格、不怨天尤人、不患得患失的人。朱可夫早年矢志报效祖国，先在沙皇军队里当士官，后来在红军中当排长、连长、团长、师长、军长，一路青云直上。1939年6月，时任白俄罗斯军区副司令的朱可夫刚刚结束对军区军事演习的讲评，忽然接到莫斯科来电，让他立刻动身前往莫斯科。第二天，朱可夫即向国防人民委员伏罗希洛夫报到。

伏罗希洛夫表情严肃地对他说："上个月，日本关东军突然从满洲里的海尔欣侵入蒙古人民共和国，与蒙军发生冲突。我国与蒙古签有互不侵犯条约，斯大林同志决定出兵援助蒙军。希望你立即动身赶往那里，肩负起指挥军队的重任！"

朱可夫扫了一眼墙上巨大的蒙古地图，看到在哈拉哈河以东画了一条日军入侵路线。他胸中顿时燃起一股激情："元帅同志，我马上起飞。"

当时的果断应战，决定了朱可夫现在军事上的辉煌。当时哈拉哈河前线正值最艰难的时期，朱可夫巧设陷阱，在诺门坎投下3个阻击师、2个坦克旅和炮兵军团，日军7个大队全部被歼。这一仗狠狠教训了日本人，使他们在德军入侵苏联后，不敢对苏联轻举妄动。朱可夫因在哈拉哈河战役中的杰出功勋被晋升为大将，并获"苏联英雄"称号，不久便出任了责任重大的红军总参谋长。

经过4小时的飞行，飞机降落在斯大林格勒。朱可夫走下舷梯，上了来迎接他的"艾姆"牌越野车。苏军斯大林格勒方面军司令部设在小伊万诺夫卡。朱可夫一下车，华西列夫斯基上来的第一句话就把他弄蒙了："什么时候进攻？"

朱可夫诧异地反问："哪儿来的消息？"

华西列夫斯基笑着说："战士们告诉我的，前线流传一句格言：朱可夫大将一到，进攻就开始了！"

朱可夫哈哈大笑："看来，战士们士气很高啊。"

◎ 反击

8月30日，斯大林格勒城防委员会在发布的第416号决议中指出："城防委员会规定，在斯大林格勒市内征集的1900名射手、150名迫击炮手和170名自动枪手要立即进行训练，并作为方面军的预备队随时准备支援在关键地段作战的红军部队。"城防委员会责成党的各个区委和城防委员会的全权代表继续搞好动员工作。守城部队的兵源补充主要来自斯大林格勒市民。成千上万的市民到了第六十二和第六十四集团军和红军其他军团，拿起武器，保卫斯大林格勒。

9月1日，德军出动大量的飞机、坦克和自行火炮占领了巴萨尔基诺会让站。苏军的处境越来越艰难，斯大林格勒城防委员会紧急通过了《关于增加构筑街垒工事的决议》。决议指出："各党组织、各企业和区的领导人都应把增加构筑城防工事视为最重要的任务。责成苏共各区委书记、区劳动者代表苏维埃执委会主席和斯大林格勒拖拉机厂、红十月工厂、斯大林格勒国营发电站、联合制粉厂和其他工矿企业领导人立即着手在企业周围构筑街垒工事，将企业变成敌人坚不可摧的堡垒。"

同一天，斯大林格勒方面军和东南方面军的军事委员会向保卫斯大林格勒的指战员和政治工作人员发布命令，号召他们奋力阻止德军向伏尔加河推进，誓死保卫斯大林格勒。命令指出："保卫斯大林格勒对整个卫国战争具有至关重要的意义。"

9月2日3点10分，苏第六十四集团军司令部下达了战斗命令：

1. 敌军成群的坦克和摩托化步兵在瓦尔瓦罗夫卡、加夫里洛夫卡、纳里曼、安得烈耶夫卡一线强行渡过切尔夫连纳亚河后，急速地涌向斯大林格勒，同时沿铁路线向沃罗波诺沃发动主要突击。

2. 我部决定：1942年9月1日夜间将集团军预备部队调往有准备的防御地区：佩斯昌卡、耶尔希、伊万诺夫卡，以阻挡敌军的猛烈进攻，消灭其有生力量，并坚守该地段，禁止敌军突向伏尔加河和斯大林格勒。

集团军的命令为各师、旅、团指定了防御地区，命令最后写道："要向全体部队、分队，直至每一个指战员解释清楚，所指定的地区是无论如何都不准敌人通过的防线。我们已经无路可退，身后就是伏尔加河和祖国。一步也不许后退，宁可站着死，也不跪着生！"

9月3日，朱可夫收到斯大林一份十万火急的密电：

朱可夫同志：

斯大林格勒的形势已经恶化，现在敌人距斯大林格勒 3 俄里（笔者注：1 俄里等于 1.0668 公里）。北部集团如果不能马上增援，今天或明天斯大林格勒就有可能被敌军占领。为此，要求位于斯大林格勒以北和西北的各部队司令员立即对敌人发动反击，以此来支援斯大林格勒的军民。不能有半点延迟，如若延迟就等于犯罪。当前，斯大林格勒剩下的飞机很少，所以应将所有飞机用于斯大林格勒。

最高统帅部 斯大林

1942 年 9 月 3 日

朱可夫接到密电后，立刻打电话给斯大林。由于斯大林格勒遭到德军的狂轰滥炸，部队给养十分困难。朱可夫计划 9 月 5 日发起反攻，这个时间已经再也不能提前了。如今斯大林还要提前 2 天，无论如何是做不到的。想到这些，朱可夫在电话中说："3 个集团军缺少弹药，最快在明天黄昏时分才能把弹药运到炮兵阵地上。部队仓促应战会遭受巨大损失。"

斯大林一听不能马上组织反击，顿时急了，斥责道："你是不是以为敌人会等你四平八稳地准备好了再发动进攻？叶廖缅科同志断定，如果你们不立即由北面实施突击，敌人只需一次猛攻便可以拿下斯大林格勒！"

朱可夫认为，目前斯大林格勒战况虽然万分危急，但是在一两天内德军还占领不了它。不过，他也没有什么证据，只是相信自己的预感是不会错的。

最后，斯大林做出了妥协，他没有理由不相信朱可夫的军事才能："那好吧，就按你们当初的计划，9 月 5 日发起反击。如果敌人对市区发起总攻，不管部队准备与否都要迅速出击。你们的主要任务是把敌人的兵力由斯大林格勒引开，如成功的话，应摧毁隔开斯大林格勒方面军和东南方面军的德军走廊。"

朱可夫放下电话后，终于舒了口气。

9 月 5 日拂晓，朱可夫指挥斯大林格勒方面军在城北发动了一次反攻。反攻前，朱可夫仍觉得兵力不够，准备不充分，可能达不到预期的效果。眼下的局势逼得朱可夫不得不尽快发起反击，否则斯大林格勒就真的守不住了。战局的发展完全证实了朱可夫的判断。

苏第二十四集团军、近卫第一集团军、第六十六集团军发起冲锋后，遭到德军强有力的回击。德军集中了大量的坦克、炮兵和摩托化部队来阻止苏军进攻，德军轰炸机不断轰炸运动中的苏军队伍。第一天，苏军仅仅前进了2~4 公里，而第二十四集团军几乎原地没动。

9 月 6 日，苏军航空兵大规模参战，取得了一定的进展，但是德军立刻从斯大林格勒地域调集增援部队，苏军攻势马上迟缓下来。

这一天，苏军新组建的航空兵第十六集团军 2 个歼击机团从伏尔加河流域和沃罗涅夫方面军飞往斯大林格勒，参加了苏军的反击。队长阿列柳欣刚跃出机舱，第二六八歼击机航空师师长西德涅夫就把他叫去。站在师长面前，他还沉浸在刚结束的激烈的空战中，半小时前一架德国轰炸机被他击落了。

西德涅夫打开地图，把图上用红铅笔标出的卡拉奇地域的顿河渡口指给他看："敌军在不停轰炸，我军需要掩护。"

一小时后，阿列柳欣航空大队的飞机呼啸着飞上天空。到了指定空域后，阿列柳欣发现了两组各有 6 架 "容克 –88 式" 德机的机群，并且没有掩护。

阿列柳欣一声令下，苏机开足马力冲了上去。阿列柳欣轻松地把一架德机捕捉到，随着一声炮响，德机在空中爆炸了，接着又是两架德机起火，一头栽了下去。

斯大林格勒战役间歇，德国士兵清洗 k98 毛瑟步枪

为了掩护苏军地面部队的反击，阿列柳欣大队接到警报后就升向空中，发现有 3 组各 9 架的轰炸机群在战斗机的护航下向苏军地面部队飞去。阿列柳欣大队投入了一场实力悬殊的战斗。德军"麦谢尔施密特"战斗机迎了上来，阿列柳欣驾机一个转弯占领有利位置，向第 1 组轰炸机长机俯冲过去。阿列柳欣在瞄准具里清楚地看到德军驾驶员惊慌失措的表情。随着一串曳光，

德机爆炸解体。但是，阿列柳欣的飞机也被 3 架德机盯住了，他们在空中追逐，展开格斗。阿列柳欣突然一个急转弯做了一个惊险的动作，战机瞬间出现，把从他头上飞过的一架德机打了下来。然而，他也中弹了，座舱被打中，血从军服中汩汩流出，跳伞后，也失去了知觉。阿列柳欣后来被苏联集体农庄的庄员发现后送到了医院，他因作战勇敢，曾两次荣膺"苏联英雄"称号。

斯大林收到前线战报后，只能无奈地下令："你们的主要任务是把尽可能多的敌人引出斯大林格勒市区。"

苏军这次反击虽然没有成功，但也有其积极的一面，尤其是空军的大规模参战，迟滞了德军进攻的势头。事后，朱可夫总结道，这与一个多月前华西列夫斯基组织的"7·25"反突击多么相似啊，唯一值得夸耀的是苏军战士大无畏的牺牲精神。朱可夫从内心感觉到凭借现有的兵力很难彻底扭转战局，要想消灭德军，必须另找出路。

如果说朱可夫有什么高明的地方，那就是他对战机捕捉比别人要准确、及时。1941 年 7 月，他曾准确地预测到德军的计划，提出放弃基辅，但他的意见没被采纳，最终导致了莫斯科危机。这次，他决定向最高统帅斯大林汇报他对斯大林格勒战局的判断时，心中产生了一丝莫名的犹豫。

◎ 战斗到最后一颗子弹

9月7日，德第六集团军在苏第六十二集团军正面突破了古姆拉高克地段的防御，并从这里推进至伏尔加河的接近地。第六十二集团军紧急调整部署，继续阻击德军。苏近卫第三十五步兵师在第六十二集团军左翼紧急设防，该师多次击退德军的疯狂进攻。

9月8日，苏军近卫第三十五步兵师师长格拉兹科夫在上耶利善卡地区受伤，伤情危及生命。这个师的几个团在副师长杜比扬斯基上校的指挥下，直到夜间仍坚守在离伏尔加河3~4公里的地方，尽管他们伤亡惨重，依然在顽强作战，挡住了德军经库波罗斯诺耶、耶利善卡和米宁诺郊区开往斯大林格勒的道路。

9月9日，斯大林格勒方面军司令部在给第六十四集团军各部队的命令里，对保卫斯大林格勒部队的作战行动作了这样的评价："法西斯侵略者冲到伏尔加河岸和夺取斯大林格勒的一切企图，在我第六十四集团军占据的地段化为泡影。"

9月10日，朱可夫接通了苏联最高统帅的电话，他未承想到的是，斯大林在听了他对形势的分析后，没有轻率否定，而是想了一会儿，说："朱可夫同志，你亲自来莫斯科阐述自己的看法可能会更好一些。"

10日晚，苏第六十二集团军司令部发布第137号命令，要求所部做好在斯大林格勒市内巷战的准备。命令全文如下：

第六十二集团军司令部第137号作战命令

战役集群指挥员戈罗霍夫、波扎尔斯基、波波夫、克尼亚泽夫等同志：

在你们辖区，要派出指挥人员检查市内建筑物的防御准备情况，并统计出全部能用来防守这些建筑物的部队。

你们要搞好与内务人民委员部第十师师长萨拉耶夫上校及第一一五筑垒地域指挥波丘金中校的协同。

第六十二集团军司令员克普洛夫少将

军事委员古罗夫

参谋长卡梅宁上校

1942年9月10日21时

9月11日夜，德军占领了斯大林格勒南接近地上的佩斯昌卡和译廖纳亚波利亚纳。

9月12日，朱可夫和华西列夫斯基从斯大林格勒前线来到克里姆林宫，向最高统帅斯大林呈上了一份简要的战斗情况报告，并对其做了相关阐述。

斯大林同志：

近卫第一集团军和第二十四、第六十六集团军发起的进攻要坚持下去，正如我们给您的报告中所阐述的那样，现有的全部兵力、兵器都投入了这场攻势。只有攻下去，才能解决当前的问题。

因为我们的炮兵和航空兵处于弱势，所以还没与斯大林格勒的军民会合。

近卫第一集团军首先发动反攻，可该集团军既没有一个加强炮兵团，又没有一个反坦克炮团和防空炮团。

斯大林格勒局势十分紧急，迫使我们没有等到第二十四和第六十六集团军集结完毕，也没有等到加强炮兵抵达，就于9月5日动用了这两个集团军。一些步兵师长徒行军50公里后，没来得及休息就投入了战斗。

各集团军这种没有加强武器和分批投入战斗的打法，使我们未能有效突破德军的防御，未能与斯大林格勒的军民会合。然而，我们的快速突击迫使德军将主力从斯大林格勒掉头转过来对付我集团。

城市保卫者的处境由此得到了缓和。如果没有这次突击，德军也许早就把斯大林格勒占领了。

我们打算9月17日准备新的战役。有关这次战役的具体情况，已责成华西列夫斯基同志向您报告。这次战役和战役开始的时间取决于几个新锐师的抵达、坦克部队的整顿情况，以及炮兵的加强和弹药的运输等情况。

和前几天一样，我进攻部队向前推进不多，反而遭到敌航空兵和炮兵的严重杀伤。不过，我们依旧认为，无论如何，都不能停止进攻。否则，德军就会腾出手来对付斯大林格勒。

我们认为，不管多么困难，都要坚持进攻，消耗德军的有生力量，德军虽然火力比我们强，但是损失不比我们少。同时，我们还要为实施更有组织和更强有力的突击做好准备。

战斗查明，在第一线与德北部突击集群对峙的我军有 6 个师，即 3 个步兵师、2 个摩托化步兵师和 1 个坦克师；在第二线，我军集结了不少于 2 个师和 150~200 辆坦克的预备队，用来对付德北部突击集群。

斯大林在克里姆林宫的办公室里接见了朱可夫和华西列夫斯基。这几天，斯大林格勒万分危急，德军已在苏军阵地上打开了一条走廊，将两个方面军分割开来。3 个人心情压抑，在苦思冥想破敌良策。苏军总参谋长华西列夫斯基首先发言，他提供了一条令人不安的消息，希特勒还在向保卢斯的第六集团军增派新的部队。

"看来希特勒要不惜一切代价占领这座城市了。"斯大林双眉紧锁地问朱可夫，"9 月 5 日我军发起的反突击为什么没取得预期的战果？"

朱可夫答："主要是我军力量不足，德军又占领了制高点，那里地势开阔，也不利进攻，德军可以向任何方向机动火力。"

斯大林叹了口气，眼睛紧紧盯着苏军预备队配置图，不再说话。

朱可夫和华西列夫斯基在一旁悄声议论起来。如果说 10 天前，朱可夫前往斯大林格勒组织防御，整个事态还蒙着一层迷雾，那么现在迷雾已消失，根据现有的苏军力量，是难以打破僵局的。他皱着眉对华西列夫斯基说："必须寻找别的解决办法。"

其实，斯大林此刻也在思索着同样的问题，他研究预备队配置图，就想在斯大林格勒发起进攻，听到他们俩的议论，突然抬起头："有什么别的解决办法吗？这样吧，你们好好想想，明晚9时我们再研究。"

同一天，希特勒在维尼察的"狼人"大本营召开军事会议。希特勒对第六集团军司令保卢斯的报告很满意，并立即批准了他带去的作战计划。该计划决定由第六集团军作为主力分两路突击，进攻斯大林格勒市中心：第一路，由第七十一、第九十四、第二九五步兵师和第二十四装甲师组成，从亚历山大罗夫卡向东突击；第二路，由第二九一摩步师、第一四一装甲师、罗马尼亚步兵第二十师组成，从萨多瓦亚向东北突击。两路兵力分割围歼苏军防御正面的第六十二集团军，迅速占领斯大林格勒市。在城南和城西北作战的德军任务是钳制与其对峙的苏军。

会议结束时，希特勒下令要在最短时间内攻下斯大林格勒，不许拖延，"把他们统统赶入伏尔加河"。

也是在这一天，斯大林格勒方面军司令员叶廖缅科将第六十四集团军副司令员崔可夫召去，出人意料地对他宣布了一个决定，让他接替洛帕京将军担任第六十二集团军司令，任务是守卫斯大林格勒市区。叶廖缅科告诉他，他的前任认为没有把握顶住德军的进攻。叶廖缅科两眼期待地望着他："崔可夫同志，你怎么理解这项任务？"

崔可夫不假思索地回答："我们不能把城市交给敌人，我发誓要么守住，要么战死！"

叶廖缅科拍着他的肩膀说："方面军会尽力帮助你的。"

在回第六十二集团军司令部驻地马马耶夫岗的路上，当崔可夫意识到第六十二集团军已是斯大林格勒市最后一道屏障时，不免有些心惊肉跳。斯大林格勒依伏尔加河而建，南北长50公里，东西宽仅5公里。东北地势略低，都是工厂和工厂住宅区。西南地势稍高，几个大的火车会让站和仓库都集中于此。第六十二集团军承担着斯大林格勒市的主要防守任务，它的防御正面从伏尔加河右岸的雷诺克村，经奥尔洛夫卡、戈罗吉什和拉兹古利亚耶夫卡以东地域，再经实验站、萨多瓦亚火车站到库波罗斯纳亚。整个防线距伏尔加河仅十多公里。第六十二集团军司令部设在城中制高点马马耶夫岗的山脚下。

12日傍晚，当崔可夫走进简陋的集团军司令部时，只听见集团军参谋长克雷洛夫铁青着脸在电话里大声训斥："不能往后撤了，同志，再撤就撤到伏尔加河里去了。"参谋长放下电话，转身看到新任司令员崔可夫，立刻诉起苦来："崔可夫同志，欢迎你到来。眼下情况糟透了。敌人在加紧进攻，我们的人却擅自将指挥所撤向后方。"

"谁？"崔可夫问。

"坦克兵团的司令员。"

崔可夫立刻叫接线员接通了坦克兵团司令部："我是新任集团军司令员崔可夫。为什么把指挥所撤向后方？什么？炮火太猛，伤亡太大？谁允许你这么做的？作为一名将军，如果你的下属也像你一样擅自行动，你怎么处理？我认为你的行为违反了国防人民委员会227号命令。限你立刻把指挥所迁往原地，今后再有类似事件，我会把你送上军事法庭！"

坦克兵团司令连连称是，当夜将指挥所迁回原地。

当夜，崔可夫便在司令部召开会议。参谋长克雷洛夫首先向崔可夫介绍了前线形势。德军进攻第六十二集团军的部队约有 9 个加强师，近千架飞机做掩护。第六十二集团军在郊外作战时已减员大半，有的师仅剩下 200 多人，有 2 个坦克旅连一辆坦克都没有。

会议结束时，疲惫不堪的克雷洛夫一只手撑着地图："预计明天在马马耶夫岗和中央车站会有一场激战。部队快顶不住了，而我却无能为力。"说着热泪涌了出来。

崔可夫一阵心酸："就算是剩下我们俩，也要战斗到最后一颗子弹！"

9 月 13 日，苏第六十二集团军军事委员会听取了第三一五步兵师师长克尼亚泽夫少将关于斯大林格勒防御情况的报告，最后在决议中指出：1. 完善反坦克防御；2. 改造市内的建筑物，以适应步兵防御；3. 市内构筑的街垒前要挖反坦克壕，并设置火力加以掩护。街垒前要设置火袋，还要改造街垒两侧的建筑物，以适合步兵防守。

到目前为止，斯大林格勒城内防御工事只完成了四分之一，反坦克防御配套体系没有完成，市内构筑的街垒前没有挖反坦克壕沟，对德军坦克形成不了有效的屏障。

第四章　拉锯血战

在德拉甘的提议下，一位重伤员脱下一件血迹斑斑的白衬衫。浸透着战士鲜血的红旗被德拉甘绑在一截铁管上，插在了屋顶上，在弹雨中迎风招展。

◎ 不让任何人知道

　　德军在航空兵密集轰炸和强烈炮击后，开始向斯大林格勒市区发动强攻，苏德双方军队直接争夺斯大林格勒市的战斗就这样打响了。

　　德军以一个师的兵力向马马耶夫岗和中央车站推进。炮弹和炸弹雨点般落在马马耶夫岗，苏第六十二集团军司令部与前沿部队失去了联系，司令员崔可夫被迫将司令部迁到察里察河谷一个坑道内。

　　随后，阵地失守的消息一个接一个传来。第六十二集团军北面奥尔洛夫卡防线被突破，126.6 高地被德军占领。第六十二集团军左翼一混成团在德军紧逼下被迫放弃萨多瓦亚车站东边的拖拉机站。德军凭借优势兵力在马马耶夫岗和中央车站突破了苏军防线。

　　9 月 13 日 21 时，斯大林召集朱可夫和华西列夫斯基开会。两人向斯大林分析了战场形势。夏天以来，德军在苏德战场南翼展开攻势，掌握了战略主动权，德军已推进到沃罗涅日、斯大林格勒和高加索山脉的山前地带，对苏军构成了严重威胁。然而，德军犯了一个错误，战线过长，兵力分散，同时从斯大林格勒和高加索两个方向进攻，结果在高加索的 A 集团军群（约27 个师）被苏军高加索方面军阻挡在 1000 公里的战线上。B 集团军群在沃罗涅日、斯大林格勒方向 1300 公里的战线作战，虽拥有 70 多个师，但仍显兵力不足。特别是，德第六集团军和第四装甲集团军在斯大林格勒地区陷入了苦战。

基于上述分析，朱可夫和华西列夫斯基得出结论，在斯大林格勒继续以积极防御疲惫敌人外，应组织大规模的战役反攻，使南方战线形势发生有利于苏军的变化。朱可夫和华西列夫斯基把一份草拟的大反攻计划方案交给斯大林。

在斯大林格勒地区发动一次扭转战局的进攻且规模不能太小，这就需要考虑两个因素。首先是庞大的兵员。在斯大林格勒地区的德 B 集团军群大约有 100 万兵力，而在这一地区的苏军才 60 多万，所以需要重新组建一个方面军。在苏联后方，已经组建了大量的坦克兵团和炮兵、航空兵部队，可弥补兵员不足。另一个需要考虑的因素是时间。大规模的反攻有大量的准备工作要做，从军队集结，弹药、物资供应，各兵种的配合协调都预示着这一进攻不能在 11 月之前进行。

斯大林对这一方案提了两个关键性的问题，一是能否有如此雄厚的力量发动反攻？二是为什么采用南北夹击战术，只限于沿顿河由北向南或由南向北是否风险小一些？

朱可夫自信地回答："根据计算，再过 45 天，即 11 月初，我们就能得到必要的兵力和武器保障。"

在这次会议上，反攻计划（即后来的"天王星"计划）具备了雏形，整个战役分成两个阶段：第一阶段为突破防御，合围德军斯大林格勒集团并建立牢固的对外正面，隔绝被围之德军与外部敌人的联系；第二阶段为歼灭被围德军并制止德军解围的企图。

会议结束时，斯大林反复叮嘱："一定要注意保密，除我们3个人，不要让任何人知道。"

在后来的两个星期里，3个人对这一计划又进行了不断的充实与完善。当务之急是要弄清德B集团军群在斯大林格勒战线的兵力和部署。B集团军群在顿河一线由匈牙利第二集团军防御，该集团军有12个师，盘踞在190公里的地带。紧接着的是意大利第八集团军和罗马尼亚第三集团军，共拥有20个师的兵力，作战范围在350公里宽的地带。再往下便是德国军团，由16个师组成的第六集团军，驻扎在140公里宽的地带，之后是第四装甲集团军，防线约50公里。其毗邻部队是罗马尼亚的7个师，沿顿河弯曲部部署在斯大林格勒城南向南延伸的丘陵地带，宽度约200公里。

显然，希特勒为尽快占领斯大林格勒，把第六集团军和第四装甲集团军投入斯大林格勒市内狭窄的空间，进行残酷的巷战，而机动能力和装备低劣的罗马尼亚军则保障第六集团军两翼的安全。

斯大林推测德军缺少机动预备队，才让他的盟国防守战线过长的阵地。这一推测无疑是正确的。苏军的这次进攻首先要避开德军主力，把主要突击方向定在战斗力较弱的顿河中游及城南的罗马尼亚、意大利、匈牙利部队，这些仆从国军队与德国人貌合神离。鉴于此，斯大林和他的将军们为这次进攻规定了4条准则：1. 对敌力量薄弱地段实施强力突击；2. 对敌主要集团后方实施打击；3.从各登陆场发动进攻，不要强渡顿河；4.充分利用对进攻部队的有利地形。

斯大林格勒保卫战

◎ 战斗在生死线上

9月13日22时30分，苏第六十二集团军司令员崔可夫下达了145号命令，要求集团军所有部队于当日深夜转入反攻，恢复以前的态势。

9月14日凌晨3时30分，苏第六十二集团军所属部队展开反攻，并在个别地段取得了一定的进展。随后，德军出动大量飞机狂轰滥炸，将准备发起反攻的苏军压在地上抬不起头来。12时，德军出动大量坦克和步兵，从地面开始对苏六十二集团军的战斗队形发动猛攻。

恶战由此开始，这一天是斯大林格勒保卫战中最关键的一天。

14日下午，德军攻占了马马耶夫岗、中央车站和专家楼，沿察里察河向东扑向伏尔加河。冲入市区的德国兵以为苏军已经溃退了，高兴得手舞足蹈。纷纷从汽车、坦克和装甲运兵车上跳下来，狂呼大叫，有的还吹起了口琴，在大街上跳起舞来。隐蔽在地下室的苏军战士端起枪向德国人瞄准。随着一阵枪响，德国人纷纷倒下。德国人开炮了，地下室燃烧了起来。

下午 2 时，告急电话纷纷打进苏第六十二集团军司令部。司令员崔可夫焦虑万分。他手头已没有预备队可用。德军坦克只需再推进 10 公里，就要夺占这座城市了。

"近卫步兵第十三师怎么还没到？"参谋长克雷洛夫把目光从地图上挪开，问自己的司令员同志。

崔可夫也不清楚，都快 10 个小时了。凌晨 3 点的时候，方面军司令员叶廖缅科告诉他，将派近卫第十三师增援第六十二集团军，部队已在开进途中，怎么到现在还不见踪影？

集团军司令部里所有人的目光集中在崔可夫身上。他意识到下属们都在焦急地期待着。正在这时，一个身材高大、满身尘土的人闯了进来。

"近卫第十三师师长亚历山大·伊里奇·罗季姆采夫向您报到。全师 1 万名指战员经过 4 天 4 夜急行军，现已全部集结在伏尔加河岸边待命。"

崔可夫和在场的人一下子围了上去。

"命令你，今夜率全师渡河，明晨 3 时投入战斗。用 1 个团攻占马马耶夫岗，用 2 个团消灭市中心、专家大楼和车站一带的敌军，1 个步兵营作预备队。指挥所设在码头附近的伏尔加河岸上，不许后退一步！"

"是，司令员同志。我是共产党员，决不离开阵地，决不后退一步！"罗季姆采夫斩钉截铁地说完，举手敬礼，转身走出了司令部。

罗季姆采夫连夜返回部队召开大会，进行战前动员。部队求战心切，发誓一定要守住斯大林格勒。

苏军近卫第十三师是在空降兵第三军所属部队基础上于 1941 年 11 月组建的。组建之初，德军已深入苏联腹地，进逼莫斯科。全师立即开赴沃罗涅夫阻击德军。在艰苦的防御作战中，该师重创德军，荣获列宁勋章，于1942年1月19日改称近卫步兵第十三师。

14日晚9时，近卫第十三师悄悄进抵伏尔加河边。河对岸的德军已经占据好几座高大建筑物，离渡口不远有一艘被炸毁的驳船在燃烧。在火光映照下，德军不停地向河道开枪开炮。先遣队第四十二团一营出发了，战士们登上2艘快艇，冒着弹雨前进。参加渡河作战的近卫第十三师老战士萨姆丘光后来回忆道："快艇离右岸越来越近时，敌人的炮火更加猛烈。炮弹不时在快艇周围爆炸，掀起巨大的水柱，伏尔加河水像开了锅似的。不能再迟疑了，营长费多谢耶夫上尉一声令下，快艇迎着炮火疾速驶向对岸。没等船靠稳，战士们就纷纷跳入水中，涉水登岸投入战斗。"

近卫第十三师经过一天血战，消灭德军2000余人，而后该师又扑向德军在城西和市中心的两个主要据点——中央火车站和马马耶夫岗，与德军展开了一场生死较量。

9月16日凌晨，德军俯冲轰炸机擦着对面工厂的烟囱从车站上空呼啸而来，疯狂地扫射，投下了几百枚炸弹。轰炸过后，是疯狂的炮击。大火在车站大楼里熊熊燃烧，房屋倒塌，连钢筋都扭曲了，空气中弥漫着令人窒息的硝烟味儿。

经过一番狂轰滥炸，德军以为车站内的苏联人已炸得差不多了，开始一拥而上。等到德军刚一接近车站，从废墟中飞来了一阵手榴弹和密集的子弹，因距离太近，德军成了挨打的靶子，成片成片地倒下来。

战斗持续了一天，车站大楼依旧岿然不动。

正当车站的战斗日趋激烈的时候，近卫第十三师四十二团团长叶林指挥所部两个营及步兵第一一二师四一六 混成团余部对马马耶夫岗发起了猛烈的进攻。

马马耶夫岗位于斯大林格勒市中部西侧，俯瞰着整个市区。站在山岗上，城北的码头、大型工矿企业，如红十月厂、街垒厂、拖拉机厂以及城东的伏尔加河尽收眼底。此处阵地得失对市区战斗影响重大，苏德双方投入大量兵力展开了一场争夺战。

16 日拂晓，叶林带领两个营潜伏在山脚下，战士们隐蔽在枯草里，望着山顶，静默如铁。

马马耶夫岗响起了隆隆炮声，浓烟四起，弹片横飞。红色信号弹升了起来，苏军指战员一跃而起。冲在最前面的是指导员帕坚科，他向敌人机枪阵地前扔出了几颗手榴弹，与此同时，他也中弹倒了下来。战士们奋勇冲了上去，许多人倒了下去。

战士们终于冲进堑壕，与德军展开了激烈的白刃战。战士皮沃瓦罗夫原先跟在帕坚科身后，当帕坚科倒下后，他一直冲在前面，用反坦克枪向山顶扫射。冲进德军阵地时，他又端起一支自动步枪左冲右突，接连杀死了 4 个德国兵。这时，有个德国兵躲在石头后面射击，皮沃瓦罗夫中弹倒下了，但立刻又站了起来，用一只负伤的手臂艰难地托着步枪继续射击。苏军终于占领了马马耶夫岗。然而，还没等他们喘过气来，德军的轰炸机就来了，整个高地被翻了个底朝天。

9 月 17 日，车站大楼前的枪炮声稀落下来。原先一阵紧似一阵的枪炮声突然间减弱了。这个时候德军是不会撤退的，因为火车站已经成为一座孤岛。原来，德军改变了策略，正向车站后楼的制钉厂集结。

制钉厂是广场右边靠近车站大楼的一栋两层楼房，与车站大楼成 90 度角。德军抢占后，就可以从侧面向大楼实施突击，也可以打通各房间的隔断墙，迂回到大楼后面，对大楼实施前后夹击。

　　这是一场短兵相接的恶战，苏军冲进制钉厂的一个车间，把里面的德军消灭了，但相邻车间和楼上房间却被德军牢牢占据着。德军从外面将手榴弹往里扔，车间里硝烟弥漫，德军趁着烟雾冲了进来。这时，苏军从角落里、从机床后面爬起来继续战斗。车间里扭打声、喘气声以及夹杂其间的愤怒叫骂和哀叫声，交织在一起。

　　苏军浴血奋战，终于将德军打退，还没等战士们坐下休息，外面的德军又开始发动进攻。德军的手榴弹扔了进来，伴随着的是机枪疯狂扫射，苏军士兵强忍着饥渴继续战斗。

　　战斗持续了整整一天，守卫在车间的苏军在烟尘中熏呛了一天，嗓子冒烟，滴水未进。他们知道这里不可能弄到水，只得把干裂的嘴唇贴在冰冷的机器上，以此来缓解嘴唇的不适。

◎ 疯狂进攻与决死坚守

9 月 18 日，德军飞机继续狂轰滥炸，飞机在车站附近扔下了大量炸弹和燃烧弹。苏军的防御阵地——制钉厂车间与其他建筑物围墙被炸开，受伤的苏军士兵越来越多，整个车间被熊熊大火包围。在德军的强攻下，苏军被迫放弃车站制钉厂阵地，向伏尔加河岸边撤退。在撤退的路上，每一座残存的建筑物都成了苏军抵抗的据点。

马马耶夫岗的拉锯战仍在激烈地进行着。

叶林上校坚决执行着集团军司令员崔可夫的命令，不管遇到多大困难都要守住这一制高点。

苏军整个第六十二集团军仅有 80 辆坦克，在这场拉锯战中，第四十二团得不到坦克支援，团长叶林指挥官兵用仅有的几门反坦克炮迎战德军。当德军一拨一拨冲上来时，苏军官兵把坦克放到 100 米以内才猛烈开火。身材魁梧的炮兵狙击手普罗托季亚科诺夫一天就击毁了德军十多辆坦克。最后，阵地上只剩他一个人了，他仍沉着地操纵着一门45毫米加农炮顽强战斗。

普罗托季亚科诺夫巧妙地把加农炮安置在马马耶夫岗北坡的一个凹地里，瞄准德军坦克连续射击。德军坦克手直到坦克被炸才知道附近有苏军在抵抗。最后，德军根据炮声测出了他的炮位。一批密集的炮弹飞来，加农炮却安然无恙。直到把德军打退了，普罗托季亚科诺夫还活蹦乱跳地在阵地上收集弹药，准备下一轮战斗。

德军不甘心失败，一次又一次轮番进攻，马马耶夫岗山顶几易其手，德军在付出了巨大的代价后终于占领了半个岗。从此，苏、德军队各自占据半个岗对峙起来，交战部队换了无数批，一直到斯大林格勒会战结束。

苏军第四十二团向伏尔加河撤退途中，占领了红色彼得堡街和共青团街交叉道上的一座三层楼房，这座楼房有效地控制着所有接近的道路，也是一营最后一道防线了。一营营长费多谢耶夫已经阵亡，连长德拉甘上尉自告奋勇接替了他指挥，全营只剩40人。德拉甘下令在所有出口构筑防栅，在窗口和墙洞裂口架起机关枪。

德军又开始了进攻，每次打退德军进攻后，德拉甘都以为下一次再也无法顶住德国人的进攻了。然而，德军再次发动进攻时，那些疲惫不堪的负伤的红军战士又神奇地投入了残酷的战斗。

战斗持续了5天5夜，地下室里的苏军重伤员越来越多，能作战的只有19个人了。没有水，只剩下一些被大火烤焦的干饼。德军实在不明白区区几十名苏联军人竟然会弄得他们无法前进一步。他们停止了进攻，想把这几十人困死在孤立无援的破楼里。

德军开始了攻心战，他们用扩音器向楼里喊话："投降吧，要不死路一条！""投降吧！你们会受到优待……"

德拉甘知道最后的时刻到了，他摘下身上的挎包，让大家把党证和团证放在里面，安置在地下室的一角，对大家说："同志们，我们决不屈服，我们还要在楼顶升起我们的红旗！"在德拉甘的提议下，一位重伤员脱下一件血迹斑斑的白衬衫。浸透着战士鲜血的红旗被德拉甘绑在一截铁管上，插在了屋顶上，在弹雨中迎风招展。

德军的坦克突然出现在苏军后方。苏军反坦克手别尔德舍夫带着一支只剩三颗子弹的反坦克枪，打算从暗道到拐角处，从背后袭击这辆坦克。他刚冲到拐角，就被一个德国兵抓住了。刹那间，他手中的反坦克枪响了，击毁了一辆德军坦克。德军把别尔德舍夫推倒在瓦砾上射杀了。

这一幕让楼内的苏军看得一清二楚，德拉甘痛苦地闭上眼睛。通信兵科茹什科用刺刀在墙上刻着：罗季姆采夫的近卫军军人在此地为祖国战斗、献身。一行字刚刻完，德军的炮火就开始了，大楼轰地一声倒塌了，德拉甘等人被压在三层楼的废墟里。

经过 7 天激战，火车站附近的枪声平息了。

第六十二集团军司令员崔可夫得到的消息是：第四十二团一营全部阵亡！然而，他怎么也不相信眼前的事实。15 年后，也就是 1958 年，崔可夫元帅找到了当年的幸存者德拉甘上尉，他们的英勇事迹由此才流传开来。原来，德拉甘等人被压在地下室里，黑暗中他们苏醒过来，开始用手挖掘废墟。数小时过去了，他们眼前闪现出一丝光亮，一股清新的空气从小洞口飘了进来。他们从废墟中爬出时，只剩下 6 个人，而且全部身负重伤。6 人在德军后方冒死突围，趁着夜色干掉了两个德军巡逻兵，抵达伏尔加河边。当晚，他们扎了一只木筏，顺流而下。快天亮时，他们被冲上沙滩。沙滩上的苏军费了好大劲才认出他们，6名勇士终于胜利归队。

崔可夫彻夜不眠地注视着集团军阵地的态势。集团军右翼：从雷诺克至马马耶夫岗形势稳定，德军的几次进攻均被击退。在中央防线，马马耶夫岗仍然是争夺焦点，苏德双方形成对峙，呈胶着状态，中央车站守军陷入了重围。德军开始向伏尔加河中心渡口突击。集团军防线左翼，在德军4个师兵力的进攻下，防守该地的巴特拉科夫独立第四十二坦克旅被迫撤向察里察河北岸一线。

崔可夫把集团军指挥所从察里察河谷迁往缺少防御的伏尔加河一段陡峭的岸边。崔可夫预计德军攻势还将增强，而他手上已没有预备队可用，于是向斯大林格勒方面军请求火速增援。援兵终于来了。第一三七坦克旅派往近卫第十三师右翼，第九十二步兵旅派往该师左翼，以阻止德军沿察里察河扑向伏尔加河。

苏军增援部队的到来马上减轻了近卫第十三师的压力，特别是第九十二旅，在察里察河以南设立了一个个据点。他们据守着一排排高耸的粮仓。德军虽然把粮仓炸坏烧毁了，但这些粮仓从底仓到顶层，每一层都由苏军层层把守，使得德军无法将其夷为平地，反而丢下了一批批尸体和报废的坦克。尽管如此，德第六集团军在司令保卢斯的指挥下，仍不顾一切地向斯大林格勒市中心和城南发动进攻，整团、整师不断投入进来。

此时，斯大林格勒方面军司令部里灯火通明。苏军最高副统帅朱可夫、总参谋长华西列夫斯基刚从莫斯科飞到司令部，正与方面军司令员叶廖缅科、副司令员戈尔多夫等人商讨如何减轻斯大林格勒守军尤其是第六十二集团军的压力。

戈尔多夫说："斯大林格勒局势越来越紧张，无休止的空中轰炸对该地区造成了巨大的破坏，全城已成一片废墟。9月13、14、15日3天，德军不顾一切一步步逼近伏尔加河，我第六十二和第六十四集团军的压力实在是太大了。"

叶廖缅科接着通报了第六十二、第六十四集团军的最新战况。

第六十二集团军司令员崔可夫听着大家的议论，长时间盯着地图，良久，对众人说："应该实施反突击，德军兵力不被从斯大林格勒引开就无法遏制形势的继续恶化。"他略作停顿，接着说，"应该向最高统帅报告我们的决定。"

斯大林格勒方面军的反突击计划很快得到最高统帅斯大林的同意。反突击计划从9月18日起，近卫第一和第二十四、第六十集团军在古姆拉克、戈罗季谢方向对德军实施反突击，迫使保卢斯的第六集团军从斯大林格勒市内抽调兵力。同时，命令第六十二集团军在马马耶夫岗和城市西北郊组织反突击。

◎ 惨烈的拉锯战

9月19日12时，第六十二集团军司令员崔可夫奉命对马马耶夫岗的德军展开突击。突击达到了一定目的，但是到了17时，城内德军增强了兵力，双方开始了拉锯战。

9月20日，苏军近卫第十三师的形势开始恶化，近卫第三十五师严重减员，无法组织起有效的反击，马马耶夫岗仍处于恶战之中。

中午时分，苏军第九十五师师长戈里什内上校在电话中向崔可夫汇报战况："马马耶夫岗局势稳定，双方防线一天内只有100米的变化。"

崔可夫警告说："你部所守阵地事关全局。要注意，哪怕是100米的变化也会导致阵地丢失。"

"誓死保卫马马耶夫岗！"戈里什内与阵地共存亡的决心使崔可夫感到一丝安慰。

午后，德军再次对苏军近卫第十三师发起猛攻。德军小股部队悄悄渗透到苏军稀疏的防线，来到伏尔加河中心渡口。近卫第十三师师长罗季姆采夫急派叶林的第四十二团火速增援，援军半途中遭到德军飞机轰炸，迟迟不能到达指定地点。

9月21日凌晨2时，崔可夫接到斯大林格勒方面军司令员叶廖缅科的电话，说是方面军的一个坦克旅已从北面冲过德军阵地，将与第六十二集团军会师。听罢，崔可夫大喜，马上把已经睡下的司令部人员叫起来，大家守着电话机不时与前沿部队联系，可是整整一晚毫无音信。

天亮后消息传来，希德贾耶夫上校指挥的第六十七坦克旅在德军防线纵深陷入重围，这时又传来了中央车站失守的噩耗，近卫第十三师四十二团一营全军覆没。崔可夫预感到德军将涌向中央码头渡口，第六十二集团军将被切割成两半，处于万分危急之中。

即便在形势最危急的时刻，崔可夫也没想到撤退。一次，第六十二集团军政委古罗夫悄悄告诉他，为防万一，他已为集团军军事委员会留了几条船。崔可夫说："这与我毫无关系，我是不会撤到伏尔加河左岸去的。"

古罗夫激动地紧紧抱住自己的司令员。参谋长克雷洛夫在一旁建议道："最后时刻，我们将一起清洗好自己的手枪，把最后一粒子弹留给自己的脑袋。"为了稳定部队情绪，他们经常离开指挥所，到前沿部队，让战士看一看集团军首长没有离开他们，与他们同生死共患难，以此来鼓舞部队的士气。

德军突破了苏军近卫第十三师的防线，第一次来到伏尔加河边，并开始向中心码头挺进。崔可夫立刻意识到，德军如果占领了中心码头，就会控制伏尔加河，立即切断第六十二集团军可被提供增援和补给的生命线，进而威胁城北工厂区。崔可夫当即命令巴秋科的第二八四西伯利亚师沿伏尔加河向中心码头发起反击。

斯大林格勒战役中的德军

　　激战持续了两昼夜，苏军终于挡住了德军疯狂进攻的势头。崔可夫舒了一口气，对第六十二集团军来说，危机暂时已经过去，他也用不着为自己留一颗子弹了。此役，苏军虽然损失很大，但大街上也趴着德军几十辆燃烧着的坦克和数以千计的士兵尸体。

　　从9月中旬开始，德军在斯大林格勒市区遭到了苏第六十二集团军的顽强阻击。离开了顿河辽阔的草原，德军机动作战的优势减弱了。当坦克进入两边都是残破建筑物的狭窄街道后，很容易遭到头顶上发射出的反坦克枪和手榴弹的袭击。保卢斯只能改变战术，把部队分成小股，整营整营地向四面八方投入兵力，去争夺每一条街，每一个坍塌的建筑物，每一寸毁坏的土地。

进入巷战的斯大林格勒已无战线可言，城市的每一条街、每一栋楼甚至每一楼层、每一房间都成了两军交战的场所，60 万市民和苏军与几十万德军陷入了一场惨烈的大混战。

9 月 26 日 18 时，第六十二集团军司令员崔可夫下达了反击命令。次日清晨，崔可夫集中了 150 门大炮和 3 个火箭炮团，对马马耶夫岗南坡发动了猛烈炮击。之后，戈里什内指挥第九十五师发起冲锋。战斗进行得很顺利，只用一个小时就把德军赶出了山岗西坡和南坡。

两个小时后，德第六集团军司令保卢斯同样签署了进攻命令。苏德双方的战斗变得异常惨烈。德军 3 个师向马马耶夫岗发起冲击，空中有数十架飞机参战。一阵狂轰滥炸，几乎把山岗顶部削掉了半米，德军的坦克和士兵涌了上来。傍晚，苏军第九十五师顶不住了，从山岗西面和南面被迫撤退下来。

德军开始冲向城北红十月工人新村、街垒工人新村和拖拉机厂，占领了沙赫京斯基大街、热尔杰夫斯基大街和 107.5 高地。

中午，德军轰炸机袭击了苏第六十二集团军司令部，附近的油槽燃起了熊熊大火，苏军司令部与集团军各部队的联系突然中断，失去了对战场的全面了解，司令员崔可夫只得奔赴前沿。在前沿阵地前，充斥着隆隆的炮声和不停的进攻与反击，根本无法准确判断敌情。

与此同时，在莫斯科的最高统帅斯大林与副统帅朱可夫、总参谋长华西列夫斯基讨论了前线形势，作出了影响战局的两项决策：第一，迅速向被包围的第六十二集团军增派部队；第二，改组斯大林格勒战区的指挥系统。从 9 月 27 日夜到 10 月 2 日，苏军最高统帅部增派了 5 个师的兵力，它们是 9

月27日夜参战的第一九三步兵师，9月30日参战的近卫第三十九师，10月2日参战的第三〇八步兵师和近卫第三十七师以及拥有12个机炮营的第一五九师。

9月28日，苏联最高统帅部命令：将正在保卫斯大林格勒的东南方面军更名为斯大林格勒方面军，叶廖缅科上将继续任方面军司令员，辖第六十二、第六十四、第五十七、第五十一和第二十八集团军。原斯大林格勒方面军改名为顿河方面军，辖第六十三、第二十一、第二十四、第六十六集团军和近卫第一集团军，罗科索夫斯基任司令员。各方面军直接受最高统帅部大本营指挥。同时，指派副统帅朱可夫、总参谋长华西列夫斯基作为统帅部代表亲临前线指挥。这次改组，为苏军一个月后的反攻打下了基础。

◎ 希特勒烦躁不安

9 月 29 日，苏联最高统帅斯大林签字批准了在斯大林格勒、顿河地区实施大反攻的作战计划，其代号为"天王星"。

同日，德第十六装甲师、第三八九步兵师和"施塔赫尔"突击集群向防守在奥尔洛夫卡突出部的苏军步兵第一一五旅、第一四九旅和摩托步兵第二旅发起攻击。在德军强大攻势面前，苏军陷入重围。苏第一一五旅第三营被德军围了整整 6 天，但他们仍一次次击退疯狂的德军，最后在弹尽粮绝的情况下被迫突围，全营 400 多人只剩下 20 多人。

在苏第六十二集团军的防线上，到处进行着激烈的交战，类似于第一一五旅第三营的例子比比皆是。德军占领了奥尔洛夫卡后，开始对靠近伏尔加河边的红十月厂、街垒厂和拖拉机厂发起进攻。

守卫红十月厂的是古里耶夫少将指挥的近卫第三十九师，这个师把工厂的各个车间变成了攻不克的保垒，而工人们竟然在密集的枪声中坚守着岗位。

德军的进攻开始了，密集的炮弹把工厂围墙轰坍了，但是德国士兵一接近工厂区就遭到苏军炮火猛烈的还击。战斗呈胶着状态。几天后，德军发现在红十月厂和街垒厂之间有一条从伏尔加河一直向西延伸的冲沟，沟里堆满了炉灰渣。他们打算利用冲沟发起进攻。

苏军早已发现了冲沟的秘密，彼得·扎伊采夫中尉率领一个机枪排守在冲沟后面。当德军悄悄逼近时，扎伊采夫用准确的点射回敬他们。

偷袭不成，就来强攻。

德军的炮兵压得阵地后的苏军抬不起头，但是炮火一停，当德军开始冲锋时，苏军的机枪又响了起来。忽然一机枪手被敌炮火击中倒下，列兵叶梅利扬诺夫立刻冲上去，用机枪不停地扫射。机枪开始发烫，枪筒里的水也沸腾了，红军士兵仍不停地扫射着。这一天德军轮番冲锋数十次，扎伊采夫受伤了，排长也倒在机枪旁，最后是卡拉肖夫中士指挥作战。黄昏时，那条沟里横七竖八地躺着400多具德军尸体。

德军丁勒上校战后在描述这一战斗时，说："我们想尽一切办法把沟里的苏联人的反抗压下去，但都是徒劳的。我们的轰炸机向山沟投下许多炸弹，炮兵对其进行猛烈的炮击。我们还派出一队队精锐分队进行冲击，但他们总是丢盔弃甲地往后退。苏联人的隐蔽战壕是多么牢靠啊……最后，苏联人完全与外部世界断绝了联系。他们已经指望不上由空中供应食品，因为我们的航空兵这时完全掌握着空中优势。但也别想以饿死来威胁他们投降……这个沟简直就是我们的眼中钉，阻碍着我们前进。"

9月底的一天，身处"狼人"大本营的希特勒独自一人在矮树环绕的小径散步。这几天，斯大林格勒的战况令他烦躁不安。他怀疑身边的将领背叛了他，使他伟大的战略一次次落空。希特勒对第六集团军司令保卢斯是绝对信任的，这是一个以服从命令为天职的军人，问题出在陆军总参谋部。

希特勒对总参谋部不信任是有缘由的。战争初期，是他，阿道夫·希特勒决心要改变世界，可在他的军事顾问们看来，1939年进攻波兰的决定是匆忙做出和不现实的，他们试图以德军准备不足来加以阻止，结果德军一战成功，震惊全世界。1940年决定进攻法国和1941年进攻苏联时，总参谋部仍然找出种种借口加以反对，认为德军无法完成希特勒不断提出的要求，结果希特勒又成功了。从此，希特勒对他身边的将军们很是瞧不起，他把那些反对他的将军除掉，提拔了那些愿意执行他命令的军官。

如今又有人开始反对他了，那就是陆军总参谋长哈尔德。希特勒认为，尽管哈尔德仪表威严，反应灵敏，也很有知识，可就是缺少那么一点儿勇气。他想起在最近的一次军事会议上，一向言听计从的哈尔德竟然与自己发生了争执，有时甚至吵得面红耳赤。在那次会上，希特勒对克鲁格大加训斥："我们的将军们能进攻几个方面，就进攻几个方面，却没有掌握住进攻一要快、二要面窄。他们都在干什么？"

在场的人面面相觑，默不作声。过了一会儿，哈尔德报告说，高加索的德军也陷入困境，燃料短缺、兵力不足，看来只能收缩战线，把部队往后撤。希特勒听哈尔德这么说，顿时大发雷霆："你好像总是提这样的建议，这个想法必须从陆军中铲除，永远铲除！"在结束讲话时，希特勒强调说："我必须要求指挥官和士兵一样顽强。"

哈尔德争辩道："我是很顽强的，我的元首。可是在那里，我们的步兵和尉官正数以千计地死去，而这只是因为他们的司令官拒绝唯一可行的决定——他们的手脚被束缚住了。"没等他说完，希特勒便嘲笑道："什么，哈尔德将军，你在第一次世界大战中是坐办公室的，这次也是这样，关于士兵，你认为能给我一些什么见教呢？你这个甚至在军服上连一道弯杠都没有得到过的人！"他指了指自己胸前的黑色弯杠。

一周后，哈尔德在向希特勒做每日一次例行战况报告时，与希特勒又产生了分歧。这次争论的焦点是斯大林格勒。哈尔德说，保卢斯的第六集团军在斯大林格勒逐屋逐街地争夺，牺牲太大，"从军事战略考察，占领这座已成废墟城市价值不大了。"这一次希特勒终于忍无可忍了，免除了哈尔德的总参谋长职务，由库特·蔡茨勒接替。

当希特勒散步回来的时候，新任陆军总参谋长蔡茨勒已经恭候多时了。希特勒对他说："你告诉保卢斯，苏联红军已被打垮，他们没有预备队了，因此没力量发动大规模的进攻。我英勇的第六集团军士兵想打哪里就打哪里，就是打到天上也能办到。"

希特勒下达完指示，就乘飞机返回了柏林。

9月30日，希特勒出现在国会大厦，他已经很长时间没有在国会露面了。面对国会大厦内狂热欢呼的议员们，他信誓旦旦地说："你们可以相信，我们将进攻斯大林格勒并将占领它……如果我们占领了某个地方，那谁也休想把我们从那里赶出来。"

希特勒确信斯大林格勒已是囊中之物，德意志第三帝国相信了他的说辞。

◎ 死战，决不后退

10 月 3 日，德军又开始向红十月厂、街垒厂、拖拉机厂发起猛攻。守卫这一带的苏近卫第三十七师、近卫第三十九师和步兵第三〇八、第九十五、第一九五师奋起反击。德军在进攻前，先以飞机狂轰滥炸，尤其在拖拉机厂区战斗激烈到令人难以想象。从 9 月底起，德机每天出动数百架次对拖拉机厂不停地轰炸，工厂变成了一片火海。

10 月 5 日，崔可夫决定将斯大林格勒各工厂的工人武装总队编入集团军，发给他们武器和给养，让他们与士兵协同作战，保卫自己的工厂。工人们表现得十分勇敢，他们虽然是第一次拿起武器，但对炮轰和空袭早已习惯了。几个月来，他们一直在密集的枪炮声中坚守在工作岗位上。现在他们在车间里已听得见德军的脚步声，听得见口令的喊叫声，甚至听得见子弹上膛的声音，他们立刻拿起武器，埋伏在马丁炉旁、昏暗的机器旁，朝着德军射击。

10 月 14 日，希特勒下达命令，整个苏德战场转入战略防御，但是在斯大林格勒战场却发动了更加猛烈的进攻。德第六集团军司令保卢斯调集了 5 个步兵师和 2 个装甲师向城北工厂区只有 5 公里深的狭长防线猛扑过来。经过 5 个多小时的轰炸后，德军突破了拖拉机厂防线，冲向伏尔加河边。炮弹和炸弹使苏军遭到重大伤亡，崔可夫设在地下坑道的指挥所有 61 人被炸身亡。他后来写道："10 月 14 日将作为整个斯大林格勒战役中最为血腥、最为残酷的一天而被载入史册。"

苏德战场

　　14 日清晨，崔可夫就预感到了危险。德国轰炸机在空中隆隆作响，炸弹雨点般纷纷落下，高射炮弹的曳光划破长空。第六十二集团军指挥所的掩蔽部颤抖着，四周是一片爆炸声。崔可夫走出掩蔽部，没有发现一丝阳光，空中只有一个栗色的亮点高悬，火光和烟幕笼罩着整个城市。

　　清晨 8 时，德军对拖拉机厂、街垒厂发起进攻。苏军近卫第三十七师、步兵第九十五、第三〇八师在激战中减员严重。在苏军近卫第三十七师第一〇九团阵地上，德军的3次进攻都被击退了，阵地前有20余辆坦克被击毁，德军丢下了300多具尸体。德军在进攻被击退后，又不顾一切地冲了上来，炮弹压得第一〇九团抬不起头。10时，德军攻下了第一〇九团阵地。

此时，战斗并没有结束，苏军士兵钻入地下室和残破的楼房。当德军以为苏军已被消灭、大摇大摆行进在倒塌的建筑物中时，立刻遭到迎头痛击。手榴弹、燃烧瓶从瓦砾堆里飞出来。最后，德军使用火焰喷射器，烧一段、攻一段。苏军一边还击，一边撤退。经过4个小时的激战，苏军近卫第三十七师的防线终于被德军突破了。

11时，德军突破苏军近卫第三十七师和步兵第一一二师左翼阵地。11时50分，德军占领拖拉机厂的体育场，苏军一个营与德军展开混战。苏军近卫第三十七师向集团军司令部报告："被敌包围的第一一四团固守在楼房和废墟里。呵纳尼耶沃营六连官兵全部阵亡！"

12时，苏军近卫第一一七团报告："团长安德烈耶夫牺牲，我们被包围了，宁死不降！"

12时30分，苏军近卫第三十七师指挥部被炸。数小时后，师长若卢杰夫将军从废墟中爬出，跑到集团军指挥所，向崔可夫报告："近卫第三十七师仍在战斗，决不后退！"说完，眼泪从他的脸颊上滚了下来，全师大部分官兵已经阵亡。

14时，苏第六十二集团军指挥所掩蔽部被炸，与各部队联系中断。

对于被德军重兵围困的苏军步兵第九十五师某团第三炮兵连来说，14日是漫长而又可怕的一天，他们在一阵山崩地裂的轰炸中迎来了这天的早晨。

上百架德机在空中盘旋，到处是炸弹和炮弹的爆炸声。在数小时天昏地暗地轰炸过后，德军发起了猛烈进攻。第三炮连战士把一发发炮弹填入炮膛，一声令下，炮弹呼啸着扑向德军。德军像镰刀前的草一样成排地倒下。整整一天，炮连在连长雅西科指挥下打退了德军一次又一次的进攻。黄昏时，炮连的每门大炮前只剩下两三个人了，许多人被埋在土里，仍不停地射击。最后全连弹药打完了，剩下的 20 余人把心爱的大炮砸坏，拿起刺刀和手榴弹冲向德军，炮连除 3 人突围外，全部阵亡。

这一天，苏第六十二集团军防线被德军再一次拦腰切断，德军在拖拉机厂和街垒厂之间打通了一条约 105 公里的走廊。当德军将苏军阵地围得水泄不通，苏军弹尽粮绝时，苏军士兵要么与德军展开白刃搏斗，要么要求指挥所向阵地开炮。在意志顽强的苏联守军面前，德军的进攻势头弱了下来。

10 月 18 日，德第六集团军首席副官亚当从国内休假回来，集团军司令保卢斯把他召去打听一些国内的情况。亚当谈了很多，保卢斯一直静静地听着，他说："我在国内不止一次听到，第六集团军司令官很快就能战胜苏联人，那时战争就将结束。"

保卢斯一脸倦意，笑了笑，叹息一声："果真是这样就太好了，亚当先生，但是我们离那一天遥遥无期。我们的集团军在斯大林格勒付出了极大的牺牲。陆军总部一方面不允许我停止对城市的进攻，另一方面又不派兵来。"

亚当没料到自己的长官会说出这样的话来，他大吃一惊，再也没兴趣叙说国内的见闻了。保卢斯这些天确实有些心神不宁。他有一种大祸临头的感觉，但又不知道祸从何来。起先，他认为攻占斯大林格勒不会遇到什么麻烦，苏联人夏季惨败，已经没有力量发动有力的进攻了，没想到仗越打越激烈，越打越残酷，战场从顿河草原开阔地转到被大大小小沟壑分割的、有许多小树林和山谷的伏尔加河沿岸，又打到斯大林格勒坑洼不平的工厂区。整整 4个月，杀得天昏地暗、血流成河。每一次进攻都觉得胜利该到手了，但每一次又总差那么一点。元首一次次下命令规定攻占的日期，又一次次落空。一个马马耶夫岗，一个巴甫洛夫楼，居然久攻不下。

◎ 抵抗，誓死抵抗

11月6日，德国陆军参谋总部东方外军处处长盖伦上校向希特勒呈送了一份题为"陆军参谋总部东方外军处对中央集团军群当面之敌情的估计"的文件。文件的主要内容如下：

东线战场正面敌军未来的主要行动方向是我中央集团军群，这种迹象越来越明显。然而，还不清楚，敌军有无与此同时在顿河地区发动大规模反攻的计划，或是他们觉得兵力不足，两个方向同时作战没有取得成功的把握，于是将目标设定在南方。不过可以断定，他们在南方的准备工作没有进展到如此程度，即在不久向我中央集团军群发动进攻的同时在这里也发动一场大的战役。暂时没有情报证明敌军放弃渡过顿河发动突击。这种思想对敌军之前的意图显然产生过影响。按照时间进行战役的划分对敌军是有利的，他们将用作实施这次突击的兵力暂时编入对付我中央集团军群的预备队，一旦形势需要，就可以随时动用。

我们没有研究南翼敌军的战役能力。

促使敌人在短期内对我中央集团军群采取决定性行动的主要原因如下：

一、从军事和政治方面来看，一定要快速夺取重大的胜利。敌军认为，对我中央集团军群采取行动比对我B集团军群采取行动更容易达到迅速取得重大胜利的目的。何况敌军在我中央集团军群地域采取的行动能够消除或减少对我军会在莫斯科方向发动进攻的担心。敌军担心我军的进攻会在明年开始。

二、当前，我中央集团军群战线的走向对实施大规模战役非常有利。从兵力运输这方面来说，这里有方便的集结地，对将来发动斯摩棱斯克战役具备有利的出发地点。鉴于此，斯摩棱斯克地区应为对付我中央集团军群决定性战役的第一个目标。从距离上来看，当前苏联统帅部完全能够完成这一目标。

三、假如敌军得逞，在击溃我中央集团军群后，就可以向西、向波罗的海沿岸国家继续发动进攻，最终分割我军的北翼。

四、有所不同的是，罗斯托夫战役中，敌军在部队指挥和后勤供给方面存在着相当大的困难。

假如敌军一旦得逞，就算这样的战役也可能导致我军战役南翼的崩溃，不过对其进一步扩张战果仅仅创造了一个小机会。尽管这样，我们也应预料到，在对我中央集团军群当面展开主要战役的同时，顿河战役也可能会展开。

盖伦提交的这份文件的签字人是戈林元帅，该文件一厢情愿地认为苏军主攻方向在中央集团军群，他认为苏军即使要进攻 B 集团军群，那也是在稍晚的时候，而且是对进攻中央集团军群的补充。

　　11 月 8 日，德国陆军参谋总部东方外军处在绥拉菲莫维奇发现了苏第五坦克集团军的一个师的动向，两天后又发现了另一个师。同时，他们还发现了苏西南方面军司令部。所有这些都没有引起处长盖伦的警觉，他们没有根据这两个师判断苏第五坦克集团军已在绥拉菲莫维奇，也没有从新成立的方面军得出苏军即将发动进攻的结论。后来，在给希特勒的的报告中，盖伦还在认为局势不明朗，无法做出预见。只在报告的最后才补充说："不远的将来，苏军将向罗马尼亚第三集团军发起攻击，目的是切断通往斯大林格勒的铁路，威胁东西的我军部队，迫使我军撤出斯大林格勒。对此，必须有所考虑。"

　　11 月 9 日，希特勒在慕尼黑洛恩布伦凯勒出席纳粹元老周年纪念大会并发表演讲。他自信满满地说："我要到伏尔加去——到一个特殊地方，一个特殊城市去。凑巧，该城有福气取了斯大林的名字……的确这是个重要城市，因为在那儿可以截留 3000 万吨河运，包括 900 万吨石油，乌克兰和库班地区的粮食也是从那儿再向北方运输的，那儿有锰矿——它有一个巨大的装运企业。这就是我志在必得的，而且，你们知道吗，尽管我们谦虚——我们已经把它夺到手了！仅剩下几小块孤立的地区了！现在，有人会说，'那么你为什么不打得再快一点呢？'我不想出现第二个凡尔登，这就是原因。"

　　11 月 11 日 6 时 30 分，德军开始向马马耶夫岗和城北工厂区发动又一轮攻势。德军的炮火猛烈轰炸着苏军阵地，大批飞机投出重磅炸弹、燃烧弹，城北陷入一片火海。德军此次进攻的部队包括 5 个步兵师、两个装甲师，还有从后方调来善打巷战的工兵营。

11 时 30 分，德军击溃了戈里什内的第九十五师的防线，包围了柳德尼科夫的步兵第一三八师。这样一来，第六十二集团军的防御阵地被德军切割成三个孤立的部分：雷诺克至斯帕尔塔诺夫卡、街垒厂东部和红十月工厂至码头。

这一天，德军工兵营营长韦利茨大尉接到第七十九师师长冯·施韦林将军的命令：1. 苏军重兵守卫着红十月工厂的部分地区，主要的抵抗基点是平炉车间（4 号车间），夺取该车间意味着斯大林格勒的陷落；2. 你部应于 11 月 11 日占领 4 号车间，并向伏尔加河突破。

韦利茨接到命令后立即组织了 4 支敢死队，每队 30~40 人，配备有自动步枪、喷火器、手榴弹、集束弹药和炸药块、烟幕弹，计划先炸开车间一角，由敢死队从缺口冲进，第二梯队立即占领并防守夺下来的阵地。德军计划很周密，但出师不利。苏军早有防备，在通向红十月工厂的道路上，苏军用炮火拦截出一道封锁网。

韦利茨率领敢死队穿过一张张炮击的火网，来到大楼的围墙下，距 4 号车间只剩 50 米。韦利茨转身对匍匐在墙边的司务长费策尔说："带上 150 公斤炸药，把车间右边的那个角炸开。记住，明天清晨开始炸，这也是发起总攻的信号。"

费策尔带领一排兵领命而去。韦利茨让霍尔瓦提营作为第二梯队悄悄进入攻击区域。

天快亮了，进攻即将开始。突然从伏尔加河边闪起发出大炮齐射的火光，苏军的几百发炮弹像大雨一样倾泻在霍尔瓦提营的埋伏地域。进攻还没打响就遭到苏军炮兵的袭击，韦利茨惊得目瞪口呆。

原来，苏第六十二集团军司令员崔可夫得知德军进攻的主要目标是红十月工厂。12 日凌晨，崔可夫命令苏军近卫第三十九师师长古里耶夫："敌人企图在红十月工厂东南部突破我正面，前出至伏尔加河，为加强近卫步兵第三十九师左翼，肃清工厂里的全部敌人，兹命令近卫步兵第三十九师师长，使用近卫步兵第一一二团抽调来的 1 个营，加强你师中央和左翼的战斗队形。任务是全面恢复态势，肃清工厂之敌。"

古里耶夫接到命令后，立即将新增的一个营部署在 4 号车间，并且让炮兵做好准备，一有动静即向 4 号车间前开火。

苏军的炮火将德军打蒙了，但德军还是不顾一切地发动攻击。费策尔在炮火中敏捷地跃起，很快接近那栋大楼。"点着了！"他喊了一声，一阵耀眼的闪光！车间的墙慢慢倒了下来，黑灰色的浓烟四起，第一批敢死队冲进烟幕。

当烟幕消失后，韦利茨从望远镜里观测到车间的右角已被炸塌，第一批工兵通过 10 米宽的缺口，沿着炸碎的石块冲进车间，敢死队也已发起攻击。他发现，一堆堆乱七八槽的钢筋横七竖八地躺着，左右是深深的弹坑，德军只能沿着唯一一条小道鱼贯而入，一种绝望的恐惧爬上了韦利茨的心头，因为他发现苏军的机枪正瞄准那条小道疯狂扫射，每一个建筑的突出部都有苏军埋伏着，准确地扔出手榴弹。

战斗进行得紧张激烈，苏军的顽强抵抗使韦利茨束手无策。夜幕降临时分，他被迫停止进攻，撤出了战斗。一天下来，他这个营原有 190 人，已伤亡近半。韦利茨感到不可思议。韦利茨在战后《被出卖的士兵》一书中哀叹道："我们这个营突破过多少坚固的正面和筑垒防线，克服过多少有工事构筑的江河障碍，夺取了多少精心构筑的火力点和抵抗基点，占领了多少城市和乡村……可是在这儿，在伏尔加河面前，连一个工厂也拿不下来，苏联人从哪里来的这股力量？"

第五章　转守为攻

上库姆斯基地域的战斗异常激烈，该地是由南向北通往斯大林格勒的咽喉，是双方争夺的焦点。迎战德军的是苏机械化第四军，战斗持续了3天。这场战斗后来被德国历史学家称为"第二次世界大战坦克会战规模最大和最激烈的一次"。

◎ 准备大反攻

　　苏联红军的誓死抵抗激怒了希特勒，他严令第六集团军司令保卢斯不顾一切代价发动进攻，用猛烈的炮火将苏军防线销毁于一片废墟中，连同红军战士的生命一同消灭。

　　11 月 17 日，希特勒给第六集团军司令保卢斯发去一道命令，让他尽快占领斯大林格勒。命令如下：

第六集团军司令部：

　　获悉夺取斯大林格勒的战斗出现了许多困难，部队损失严重。你要知道，当前伏尔加河开始结冻，苏联人的困难并不比我们少，我们如果能很好地利用这段时间，那么将来就能少流血。

　　期待指挥官们跟过去优秀的表现一样，再次竭尽全力，做好各项工作，部队也像它们经常表现出来的作战艺术那样取得漂亮的战绩，最少也要冲到炮兵工厂和钢铁企业区附近的伏尔加河边，并占领该城区。

　　航空兵和炮兵应尽全力为此次进攻开辟道路并坚决支援此次进攻。

阿道夫·希特勒

　　命令规定向第六集团军团以上指挥官口头传达，保卢斯在命令下面还不忘添加一行字勉励他的士兵："我相信，这一命令会在我们英勇的部队中振奋人心。"

　　令希特勒没有想到的是，48 小时后，大本营里的电话突然响了起来，陆军总参谋长蔡茨勒将军从东普鲁士声嘶力竭地喊了起来："不好了，元首您早已料到的苏军攻势开始了。"

　　11 月 18 日午夜 12 时，苏第六十二集团军司令部与方面军司令部相连的电报线路活跃起来，"博多"电传打字机嗒嗒地响着，打字纸带像白色长蛇在打字员面前蜿蜒伸展。集团军司令员崔可夫、政治委员古罗夫、参谋长克雷洛夫等人早已聚集在电报机旁，望着电报机蹦出的一个个字母、一行行文字，脸上现出异样的光芒。斯大林格勒方面军司令员叶廖缅科传达了最高统帅部的命令——"天王星"计划：西南方面军和顿河方面军于 11 月 19 日，斯大林格勒方面军于 11 月 20 日向斯大林格勒地区的德国军队发起全面大反攻！

　　午夜的斯大林格勒城北，从顿河左岸巴甫洛夫斯克至那尔佐夫卡宽约400 公里的地带上，苏联西南和顿河两个方面军在森林和夜幕的掩护下全部进入攻击阵地。苏西南方面军拥有 40 万兵力，火炮 5900 门，坦克 700 多辆，司令员是瓦图京。他们要对付的是意大利第八集团军和罗马尼亚第三集团军。虽然意大利和罗马尼亚的兵力与苏西南方面军相差无几，但士兵素质与装备处于明显劣势。顿河方面军由罗科索夫斯基指挥，拥有 30 万人，4700 门大炮和 280 辆坦克。阵地对面是德第六集团军的 10 个师，无论数量和装备都不如苏军。

此时，两个方面军各部队正召开军人大会，宣读苏联最高统帅部的进攻令和两位司令官各自签署的动员令，号召苏军给敌军以坚决有力的打击。

红军战士们！

指挥员和政治工作者们！

严酷而正义地惩罚卑鄙的敌人——法西斯德国占领者的时刻终于到来了。

德国人竟然背信弃义入侵我们的和平家园，欺辱我们伟大的人民。如今，残暴的敌人已经兵临斯大林格勒城下。在伏尔加河旁的这座英雄之城，我们顶住了敌军疯狂的进攻。由于我军英勇作战，猖狂的敌军在斯大林格勒城下遭遇巨大的损失。

如今，向敌军发动强大进攻的光荣使命落到了我们肩上。

为向杀害我们妻儿的法西斯强盗讨还血债，为流血牺牲的官兵讨还血债，我们应无情地彻底消灭这帮法西斯强盗。

同志们，奋勇向前！

把法西斯侵略者从我们的国土上赶出去，给凶残的敌人以毁灭性的打击。

同志们，坚决消灭一切入侵者，胜利就在眼前！

在阵地另一边，无论是意大利人、罗马尼亚人还是德国人对苏军即将发动的大规模进攻并不了解。自开战以来，斯大林从后方调集了大量部队，他们沿着伏尔加河左岸，绕过荒芜人烟的盐碱草原，绕过浓烟滚滚、炮声隆隆的斯大林格勒，在夜幕的掩护下，秘密集结于斯大林格勒西北和顿河中游地区。苏军大规模的集结，曾引起德军的警觉，但是他们不清楚苏军的意图。德国人太自信了。经过几个月的血战，他们占领了斯大林格勒大部分地区，他们一直在进攻，从没有想过苏军也会进攻。

11月19日7时30分，苏西南方面军和顿河方面军3000多门大炮一齐轰鸣。炮击持续了80分钟，在罗马尼亚第三集团军阵地上倾泻了数百吨炸弹。8时50分，苏军步兵和坦克部队开始投入战斗。强大的炮火尽管破坏了罗马尼亚军队的防御，但他们非但没有束手就擒，反而拼死抵抗。一直到下午，在苏军一波又一波的进攻下，罗马尼亚人终于尝到了失败的滋味。

与此同时，苏顿河方面军也突破了德军的防线。战斗在广大地域上展开，罗马尼亚集团军第四军被消灭了，罗马尼亚第十一骑兵师被分割包围，失去了与罗马尼亚第三集团军的联系。苏坦克第五集团军从谢拉菲宫维支西南30公里处的高地发起进攻，突破了罗马尼亚方面军第二军的阵地，迅速向南推进，中午占领了别列拉佐夫斯卡姬以北的高地。苏军坦克军和骑兵转向东南，于傍晚抵达卡尔梅科夫，插入罗马尼亚第三集团军纵深达60公里。

19日10时，德陆军总参谋长蔡茨勒在东普鲁士元首大本营接到前线B集团军群总司令魏克斯的报告后，大吃一惊。之前从没发现顿河一线有苏军集结，似乎一夜之间大批部队从地下冒了出来。那一刻，蔡茨勒意识到总参谋部对苏军冬季攻势突击方向的判断出了差错，原以为斯大林会打击德国的中央集团军，把预备队都调往了那一线，而在斯大林格勒战线太长，兵力不足。苏联红军一旦突破罗马尼亚军队残缺不全的防线，汹涌而来的苏制坦克就会渡过狭窄的顿河，向西挺进，对德第六集团军将会是一场空前的灾难。为此，他急忙向希特勒做了汇报。

19 日黄昏时分，德第六集团军司令保卢斯和 B 集团军群总司令魏克斯才了解到，苏军在罗马尼亚第三集团军阵地上倾泻了数千吨钢铁后，有两个突击集团军从克列茨卡亚和谢拉菲莫维奇的登陆场发起冲击。经过一天激战，苏军坦克在冰天雪地的顿河草原击溃了斗志涣散的罗马尼亚军，开始毫无阻挡地向西突进，从后方对斯大林格勒城内的德第六集团军形成了包围。

19 日 22 时，魏克斯征得希特勒的同意，通知保卢斯停止进攻斯大林格勒，在原有阵地上加强防御。罗马尼亚军队的溃散并没有立刻在第六集团军司令部引起恐慌，保卢斯把希望寄托在第四十八装甲军和第十四装甲军身上，他还不清楚苏军突击的规模和意图，何况过去战场上也经常出现危机，每一次都克服了，他相信奇迹还会发生。

11 月 20 日拂晓，集结于斯大林格勒南部卡尔梅克草原的苏军部队也开始发动进攻。

此刻，克里姆林宫内灯火通明。斯大林正等待着斯大林格勒方面军司令员叶廖缅科的报告。一小时前，他与罗科索夫斯基和瓦图京通了电话，顿河方面军和西南方面军进展顺利，先头部队已进抵奇尔河上游，深入德军后方的茫茫草原。

◎ 合围

　　11 月 20 日清晨，卡尔梅克草原上飘着一层薄薄的晨雾，在芦苇和水草丛生的湖间地带，埋伏着苏军坦克和炮兵部队。预计 8 时开始的炮火准备由于能见度过低，到 10 时才开始。火炮轰击了 75 分钟，苏第五十一、第五十七、第六十四集团军从 3 个地段突破了德军的防御，很快将罗马尼亚第四集团军切割、包围。苏第五十一集团军的坦克进入察察湖、巴尔曼察克湖之间的突破口，迅速向西北方向的卡拉奇推进，准备与顿河和西南方面军的坦克兵团及骑兵部队会合。

　　11 月 21 日清晨，德军从北面和南面溃退下来，他们将失败的情绪带到了第六集团军司令部。为防万一，保卢斯指令参谋们将多余的资料和文件烧毁。顷刻间，房间内烟雾腾腾。随着烟火升起，司令部人员出现了心理恐慌。此时，一个上等兵惊慌失措跑进楼里，大声喊道：苏军坦克来了，再不走就晚了。这一喊，司令部开始骚动起来。参谋长施密特少将断然否定，这是士兵恐惧产生的幻觉，"什么事都可能发生，但苏军不会插上翅膀。"

如果苏军已在司令部所在地戈卢宾斯基镇出现，那么他们已深入德军防线 200 多公里了。被派出去的一支侦察分队很快证实，有小股苏制坦克离顿河西岸戈卢宾斯基镇不超过 20 公里。保卢斯一声断喝："撤退！"德第六集团军司令部人员分成五路纵队向下奇尔斯卡亚撤去。

21 日中午，希特勒意识到苏军开始南北夹击，很快就要到斯大林格勒了，第六集团军处在危险之中。当前，第六集团军要想摆脱困境，有两条出路可走：一是保卢斯率部往西南方向突围，避免被敌围歼。然而，这么做等于放弃了斯大林格勒，德军费了九牛二虎之力才拼杀到伏尔加河，就这么让出地盘，实在于心不甘。倘若不这么做，只能采用第二种办法，保卢斯就地组织环形防御，拖住苏军，等待援军。这样做，风险太大，万一失败，几十万德军将灰飞烟灭。按照希特勒的性格，当然倾向于就地防御，这需要向被围部队空投大量弹药、食物。举棋不定的希特勒想听听空军司令戈林的意见，在做出决定前，先让蔡茨勒告诉保卢斯不要惊慌，原地待命。

21 日下午，从谢拉菲莫维奇发起进攻的苏军部队抵达苏罗维吉诺以北，对德第六集团军交通线形成了威胁。德军急忙调动部队进行拦阻，不过被苏军击退了。从克列茨卡娅和谢拉菲莫维奇出发的苏军改变了方向，转弯 90 度，两军会合后向北部的顿河进发，直插德军在斯大林格勒正面防线的后方。苏军在行进间占领了顿河大桥，断了保卢斯集团军的退路，进入卡拉奇地区，按原定计划形成了对德第六集团军和第四坦克集团军的包围。

与此同时，苏斯大林格勒方面军击溃了德第二十九机械化师和罗马尼亚第六步兵军，从契尔符林河与顿河皇后河之间向卡拉奇至斯大林格勒的铁路挺进。

11 月 22 日上午，苏军进至布齐诺夫卡，呈南北夹击之势的苏军 3 个方面军会师于距斯大林格勒以西仅 60 公里的卡拉奇，步兵兵团向契尔河和阿克赛德河挺进，加强了突击集团的外翼。

第六集团军各路纵队抵达下奇尔斯卡亚，还未安置好就收到了希特勒发来的电报：

命令：

第六集团军司令官连同司令部一起开赴斯大林格勒，集团军占领环形防御，待命。

阿道夫·希特勒

保卢斯带领司令部人员匆匆上车，沿原路返回苏军正在合拢的大包围圈。希特勒以异常紧张的神情关注着斯大林格勒战场上发生的每一点变化，形势正在恶化。他认识到必须提早结束休假，返回位于东普鲁士的大本营。

22 日晚 9 时 55 分，希特勒的专列离开伯希特斯加登车站奔向"狼穴"大本营。每过 4 小时列车就停下来和参谋总部的蔡茨勒通话，情况不容乐观。他相信克劳塞维茨的名言："进攻是最好的防御。"对，决不能后退，只要守住阵地，苏联人就会不知所措。在又一次停车时，蔡茨勒打来电话，急切地恳求希特勒下令第六集团军向西突围，否则就来不及了。希特勒断然拒绝："不行！我们找到了更好的出路，明天我会告诉你的。"

与此同时，保卢斯把司令部重新安置在斯大林格勒近郊古姆拉克一带后，对他的参谋长说:"我们还有时间决定该怎么办。让我们各自回去想一想,一小时以后你再到我这儿来,告诉我你的想法。"

一小时后两人又见面了,意见不谋而合:"撤退。"保卢斯立即把各军军长召来商议,发现他们也持有同样的看法。

这时,保卢斯接到报告,苏军坦克离卡拉奇只有几公里了,更糟的情况是,卡拉奇附近具有战略意义的顿河大桥在数小时前丢失了。顿河大桥位于卡拉奇别廖佐夫斯基农庄附近,是苏西南方面军强渡顿河的唯一通道。

11月23日,苏军在顿河河曲和顿河右岸的卡拉奇对德第六集团军和第四装甲集团军形成了钳形包围,将其与德国的B集团军群隔开。至此,苏军完成了预定的战术突破,德第六集团军成为苏军的囊中之物。

23日晚,在西南方面军指挥作战的苏联红军总参谋长华西列夫斯基听取了3个方面军司令员的意见后,通过电话,向最高统帅斯大林汇报:"敌军在斯大林格勒的防线已经崩溃,不过希特勒一旦清醒过来,必定派重兵不惜一切代价增援被围部队。我们建议早打、快打、速打,赶在援兵到来前消灭被围德军。"

斯大林赞同华西列夫斯基的判断,提醒道:"我们已经胜利在望,但是还没有取得最后胜利,告诉参战全体官兵,再接再厉,胜利结束会战。眼下,你和瓦图京同志、叶廖缅科同志和罗科索夫斯基同志一定要保持冷静,在围歼保卢斯的第六集团军时,要防止德军派兵增援,利用有利形势扩大战果,组织沃罗涅日方面军和西南方面军在顿河中游发动一次进攻,不让德军有喘息的机会。"

两人在电话中经过长时间讨论,终于定下了兵分两路的作战步骤。

第一路：主要由斯大林格勒方面军和顿河方面军承担，围歼被围德军，战役代号为"指环"。具体的兵力部署：顿河方面军第二十四、第六十五、第六十六集团军从北面突击；斯大林格勒方面军第六十二、第六十四、第五十七集团军从东面和南面突击；西南方面军第二十一集团军由西向东挺进；3路人马以德第六集团军指挥部所在地古姆拉克为中心，实施向心突击，将德军分割、围歼。为了保障战役实施，在合围对外正面上，布置西南方面军近卫第一集团军、坦克第五集团军在克里瓦亚和乔尔河沿岸设防，从西南方向堵住德军的退路；斯大林格勒方面军近卫骑兵第四军和第五十一集团军防守在南面格罗莫斯拉夫卡—阿克萨伊—乌曼采沃一线。

第二路：筹备代号为"土星"的战役。由西南方面军和沃罗涅日方面军从南面和西面向意大利第八集团军和德国"霍利特"部队发起进攻，而后向罗斯托夫进军。这次战役预计紧接着"指环"作战之后在12月中旬展开。

◎ 顶撞希特勒

11月23日18时，德第六集团军司令保卢斯用无线电台向B集团军群报告。

第六集团军陷入重围，虽然部队奋勇作战，然而整个皇后河谷，从索维茨克至卡拉奇的铁路、该地区的顿河大桥以及顿河西岸的高地均落入苏联人手中。部队燃料储备即将消耗殆尽，坦克和重型火炮一旦缺乏燃料将如同一堆废铁，动弹不得。同时，弹药也发生了危机，粮食只能维持6天。倘若无法形成环形防御，请给予酌情采取自由行动的权力。真要是到了那个时候，我们将不得不放弃斯大林格勒及其北部防御地段。

保卢斯（签字）

德B集团军群总司令魏克斯赞成保卢斯撤军的主张，他收到保卢斯的报告后，即刻给德军统帅部大本营去电说明理由。

虽然做出这个决定时深感责任重大，但是我认为应该支持保卢斯将军关于撤出第六集团军的建议。理由如下：

一、当前，为第六集团军的20个师空运补给是无法办到的。即便出动所有运输机，天气好的话每天也只能运送一昼夜所有补给的十分之一。

二、我部很难确定在12月10日以前发起以解救被围部队为目标的进攻。第六集团军的物资储备消耗非常快，最多只能应付几天。假如该集团军能够向西南方向突围，对整个局势会产生有利的影响。

我也深知，上述方案一定会使技术兵器和器材受到严重损失，不过这样就保住第六集团军，可以为将来的反攻创造有利的条件。

德军统帅部大本营为第六集团军何去何从争论不休，陆军总参谋长蔡茨勒坚决支持魏克斯和保卢斯关于放弃斯大林格勒地区的想法，他认为向陷入重围的大批部队空投弹药和给养是不可思议的。

11月23日午夜，希特勒在随从簇拥下回到了阔别3周的东普鲁士"狼穴"大本营。陆军总参谋长蔡茨勒正在混凝土暗堡外恭敬地迎候他的元首。希特勒大步向蔡茨勒走来，举起右手问候，脸上露着一丝微笑："不必担心，我的总参谋长先生，你已经尽了最大的努力，如果我在这儿，也不会比现在更好。"

希特勒在办公室刚坐下，蔡茨勒便开始滔滔不绝地向其陈述让保卢斯撤军的理由。最后把B集团军群总司令魏克斯也搬了出来："魏克斯和我看法一致，如果第六集团军死守会有全军覆没的危险。"

希特勒听着蔡茨勒唠唠叨叨的述说，开始心烦。这几天，第六集团军守还是撤的问题，早已把希特勒搞得头晕脑涨，他权衡再三，终于想出一个大胆的方案。见到蔡茨勒的瞬间，他明白了固执的总参谋长不会同意自己的看法。为了避免一见面就争论，希特勒故作轻松地赞扬了他几句。然而，蔡茨勒不识趣，惹得希特勒心头火再起，一脸阴沉地说："绝不能考虑撤退。你应该比我清楚，一旦后撤就别想再回到那里，我们今年夏天的所有努力将化为泡影。"

说到这里，希特勒想起每当出现危机时，瞻前顾后的将军们总要自作聪明，干扰他英明的决策，不由得怒气冲冲地嚷了起来："不，不，一步也不离开伏尔加河！"

蔡茨勒觉得此刻自己应当先冷静下来，不能与希特勒顶撞，于是耐心地劝道："我的元首，谁也不想离开斯大林格勒，那里战略地位实在是太重要了。不过，第六集团军现在已是四面受敌，给养只能维持一周，无法固守待援。何况现在又是冬季，那里的冬天常常迷雾与风雪交加。这几天，我们的空军已无法出动，怎么能保证从空中长期为几十万人提供弹药和食物呢？趁现在苏军立足未稳，第六集团军趁早突围，否则就真的来不及了。"

蔡茨勒自以为理由充足，可是希特勒主意已定，说破天都不同意他的撤军理由。已是 24 日凌晨了，见蔡茨勒仍不罢休，希特勒只得打出自己的"王牌"："你担心的无非是给养无法解决，请放心，空军已做了保证。这是空军的报告，戈林跟我保证可以通过空运解决被围部队的给养问题。"

蔡茨勒看完报告后，气得火冒三丈："戈林元帅凭什么提供这样的保证？"

为了说服蔡茨勒，希特勒叫来了空军司令戈林。戈林睡眼惺忪地进来后，见到两人阴沉着脸，就明白了一切。前些天，希特勒曾语重心长地征询过他的意见："行吗？我的元帅先生，空军如果不去救援，恐怕第六集团军的末日就要到了。"戈林一听话音，马上迎合道："是的，我的元首，就这么干，空运决不会有问题。"

戈林太了解希特勒了，倘若说不行，希特勒一定会把失败的责任推到他和空军头上。此时，他见希特勒和蔡茨勒僵持着，心里骂着这位总参谋长一根筋，开口就说："报告元首，空军将全力支援第六集团军。"

没想到蔡茨勒依然坚持己见："不，空军绝对办不到。元帅先生，你知道一天之内要向斯大林格勒运送多少物资吗？"

"不知道，"戈林顿时语塞，随即答道，"但是我的部下知道。"

为了揭穿戈林的谎言，蔡茨勒耐着性子把空运的具体数字计算了一遍，按每人每天消耗 7 磅的最低需要计算，30 多万人每天共需 850 吨物资，第六集团军要求每天空运 700 吨。按照这样的标准，一天需飞行 380 架次，冬季气候条件不好，白昼短，机场有限，即使这样，需要调用 1000 架载量 2 吨的容克 -52 型飞机投入空运，这怎么可能呢？蔡茨勒嘴里不停地说："按最低标准，每天需要空运 500 吨啊！"

戈林明知谎言被揭穿，但是为了在元首面前保留面子，他拍着胸脯说："完全可以办到，空军有这个能力。"

"胡说八道！"蔡茨勒无法克制自己，情不自禁地嚷了起来。

戈林也不甘示弱，喘着粗气，举起拳头，仿佛要对蔡茨勒大打出手。

两人争吵声一浪高过一浪，一直冷眼旁观的希特勒早已听出戈林的许诺有假，他只不过是想利用戈林堵住蔡茨勒的嘴。希特勒感觉是时候了，于是用冷冰冰的声音打断了两人的争吵："好啦，好啦，既然空军元帅做了保证，我没有理由不相信，决定还是不改为好。"

11月24日凌晨2时，蔡茨勒电告魏克斯，元首将于24日早上签发关于第六集团军突围的命令。魏克斯和保卢斯都松了一口气。

24日8时38分，魏克斯和保卢斯接到希特勒的命令时，却大吃一惊。

鉴于第六集团军暂时陷入敌军包围，我命令该集团军集结于斯大林格勒北郊、科特卢班、137高地、135高地、马里诺夫卡、齐边科、南郊。请你们相信我，我将尽一切努力保障部队的物资供应，并尽快解除对其封锁。我深信，第六集团军一定能够完成自己的使命。

阿道夫·希特勒

希特勒跟戈林一样，信誓旦旦地向魏克斯和保卢斯及第六集团军做出保证。令希特勒没想到的是，他的这一保证导致了保卢斯集团军的全军覆没。然而，元首的意志是任何人都无法违抗的。

◎ 冬季风暴

　　11 月 24 日，曼施坦因来到位于斯塔罗别尔斯克的 B 集团军群司令部。几天前，他被委以重任，担任德顿河集团军群总司令，此行的目的是去解救被围困在斯大林格勒的第六集团军。在奔赴新司令部诺沃切尔卡斯克途中，他先来这里了解一下形势。

曼施坦因

曼施坦因在德军中享有传奇般的声誉，两年前为征服法国制订的"曼施坦因计划"使他一举成名，而今在东线战场上，他又成了实施包围战的专家。1942年初夏攻占克里木的战功，使他获得了元帅军衔，同时得到了希特勒格外的器重。在众多德军将领中，没有几人像曼施坦因那样受到上下交口称赞。战争初期，希特勒清洗了一批不听话的指挥官，留在他身边的将领有的拜倒在独裁者的人格魅力之下，有的溜须拍马、迎合元首说话，而那些战地指挥官，则习惯用电话加强与元首的联系。曼施坦因从不这样做，他平时沉默寡言，不爱冲动，在希特勒面前敢于亮出自己的观点。相反，希特勒对他却热情有加，每次在腊斯登堡大本营召见他时，总是十分礼貌地与他握手致意，对他的意见格外重视。每当战局紧张时，曼施坦因总是被列入解决难题的首要人选。如今斯大林格勒前线出现了危机，希特勒自然而然地便想到了曼施坦因。

总司令魏克斯在集团军群司令部接待了曼施坦因。他告诉曼施坦因，局势非常糟糕，第六集团军已经陷入重围，有4个军、1个装甲军、14个步兵师、3个摩托化师、3个装甲师、罗马尼亚的2个师，还有其他部队约23万人。接着，魏克斯阐述了他与希特勒的分歧，并让曼施坦因看了保卢斯发给希特勒的电报。

"情况就是这样，"魏克斯对曼施坦因的使命有些担忧，"时间仓促，你必须做出超人的努力才能解除危机。"

曼施坦因回答："放心吧，我一定尽力。"

随后，曼施坦因给围困中的保卢斯发去一份电报："我将竭尽全力来解围，你一定要守住阵地。"

仔细分析了战局后，曼施坦因认为形势虽然很糟糕，但并非没有一丝希望，一切取决于能否及时救援。德军顿河集团军群防线在顿河上的韦申斯卡亚至马内奇河，约 600 公里，其军群编成内有 30 个师。第六集团军名义上归顿河集团军群，然而困扰曼施坦因的问题是征调的增援部队迟迟不来，救援的行动只得一再延期。

不能再等了，曼施坦因开始着手制订救援计划。作为救援主力的第四装甲集团军从顿河以东的科捷利尼科沃地域发起进攻，向占据斯大林格勒以南或以西合围正面的苏军后方和翼侧实施突击，并击溃该方向的苏军；"霍利特"战役集群内的第十四装甲军由下奇尔斯卡亚车站一带顿河和奇尔河上的登陆场向苏军后方实施突击；第六集团军固守伏尔加河和顿河间狭长地带的原有阵地，救援部队一旦靠近，即刻由里向外实施突围。

曼施坦因的这一计划当日即下发各部队，其代号为"冬季风暴"。

担任主攻的第四装甲集团军司令霍特收到曼施坦因签发的救援计划后感到疑惑，这个作战方案似乎没有什么惊人的地方，只要按照方案执行就是了。不过，霍特认为没有那么简单，也不应该那么简单，久负盛名的曼施坦因元帅一定另有玄机。

霍特请作战参谋对照作战方案在地图上画箭头，画着画着终于发现了"冬季风暴"暗藏的玄机。此次救援行动，表面上是兵分两路，一路由下奇尔斯卡亚附近奇尔河沿岸出击，另一路由科捷利尼科沃突击，一伴攻一主攻。从地形上看下奇尔斯卡亚至被围部队只有 40 公里，而科捷利尼科沃距被围部队达 120 公里。在一般人看来，距离近的方向应是主要突击方向，但曼施坦因偏偏舍近取远，肯定是考虑到苏军在这一带会设下重兵，所以才部署少量兵力进行牵制。主要突击方向远离目标，表面上增加了进攻的困难，但能出乎苏军意料,造成进攻的突然性,从而使苏军陷入被动。第四装甲集团军一旦冲破苏军防线长驱直入时,苏军必然陷入混乱。这时,被围的第六集团军向外突围,里外夹击,必定能够成功。对曼施坦因寄予厚望的不止霍特一人,希特勒对这次救援行动也是望眼欲穿,寝食难安。

24日午夜,苏军总参谋长华西列夫斯基向西南方面军、顿河方面军、斯大林格勒方面军发出了进行"指环"作战的动员令。几个小时后,被围德军的四面八方升起了进攻的红色信号弹。顿时,顿河和斯大林格勒南郊炮声隆隆、杀声四起。德第六集团军几十万人如同一只刺猬,它们占据着1500平方公里的地盘,东西最长不过70~80公里,南北最宽30~40公里。内有大量构筑完好的工事,明碉暗堡形成密集的火力网。阵地前沿还有阻挡坦克的桩栅、障碍物及大片雷区。司令官保卢斯看着地图,一丝自信的微笑浮上了他的嘴角。他转身对参谋长施密特说:"命令各部队坚守阵地,惊慌失措者按军法处置。"

德军凭借有利地形拼死阻挡苏军如潮的攻势。也可能是预感到无路可退,德军即使被包围也决不弃阵而退,阵地前一拨拨苏军倒了下来。从那尔佐夫卡往奥尔洛夫卡突击的苏军第六十六集团军,原本打算与第六十二集团军会师,但是受到德军第十六装甲师、第二十四装甲师的疯狂阻击,未能达到预期目的。斯大林格勒方面军进展也不大。顿河方面军第六十五集团军稍好一些,他们从韦尔佳奇、佩斯科尔特卡发起攻击,遇到德军殊死抵抗。德军在韦尔佳奇一带构筑了强大的工程防御体系,火力密度高,但是在苏军炮火猛烈的轰击下,德军阵地最终被摧毁。

苏军对德第六集团军久攻不下，令华西列夫斯基焦急万分。德军的疯狂抵抗大大出乎苏军大本营和斯大林的预料。苏军越向内挤压，德军反抗越激烈。德军龟缩在一块狭小地带，切不开、割不断，最终形成了对峙。

◎ 保卢斯的回电

11 月 26 日，德第六集团军司令保卢斯给顿河集团军群总司令曼施坦因回电，感谢他 24 日的来电，并向其汇报了第六集团军当前的情况。电文如下：

尊敬的元帅先生：

一、非常感谢您 11 月 24 日的来电及应允的帮助。

二、为了能让您对第六集团军的情况尽快做出正确的判断，本人报告如下。

1.11 月 19 日，当敌军向我所部集团军的左右邻部队展开大规模进攻时，集团军的两翼连续两天处于暴露状态。敌军将兵力迅速投入突破口。我西渡顿河的快速兵团（第十四装甲军）先遣部队在顿河以西遭遇了敌军的优势兵力，随后陷入非常艰难的境地，加上燃料短缺，其行动受到束缚。与此同时，敌军迂回到第十一步兵军的后方，后者遵照命令坚守所有北面阵地。为了尽快消除这一危机，只得从前线再撤下一些兵力。只有将第十一步兵军左翼调转向南，再将该军引向顿河以西的登陆场，才能防止敌军切断顿河以西部队与主力的联系。

正当我们采取这些措施时，接到了元首下达的以第十四装甲军左翼进攻多勒临卡的命令。然而，战况的发展先于元首的命令，所以我没能执行该命令。

2.11 月 22 日清晨，第四步兵军归我指挥。此前，该军隶属第四装甲集团军。第四军左翼经过布津诺夫卡由南往北撤退。如此一来，第六集团军的整个南翼和西南翼完全暴露给了敌人。为阻止敌军潜入集团军后方（斯大林格勒方向），只能从斯大林格勒和北线撤出一些兵力。还有机会及时地集结这些兵力，但对顿河以西的部队来说已经做不到了。

在从斯大林格勒战线撤下来的部队的支援下，第四步兵军得以在西翼马里诺夫卡地域构筑不太强的防线。11 月 23 日，马里诺夫卡有几处被敌军突破，结果如何现在还不能判定。傍晚时分，在马里诺夫卡以西发现了敌大量坦克兵团，仅坦克就不止数百辆。这些情报被多方证实。我们在马里诺夫卡与顿河之间的地域内，只配备了一些力量薄弱的警戒分队。通往斯大林格勒及佩斯科瓦特卡（通往顿河大桥）方向的道路，对敌军的坦克和摩托化部队来说是敞开的。

36 小时内，我没接到上级的任何命令和通知。几小时后，我只能做出如下的抉择：

（1）坚守战线西段和北段，观察集团军的整个战线在短时间内是如何被从后方来的敌军突击摧毁的。这样一来，表面上看，我是顺从地完成坚守的命令的；

（2）在这种条件下，定下唯一可能的决心：动用所有兵力猛烈攻击打算在集团军背后插上一刀的敌军。显然，这样的决心一旦下定，将不能再坚守战线的东段和北段，并且之后也只能考虑在西南方向突破。

遵照"B"方案，我将根据现实情况采取行动，但要第二次违背命令。

3. 在如此艰难的情况下，我给元首发去一份电报，如果确定采取后一种决定，我请求给我行动自由的权力。有了这种授权我就有了倚仗，就能在新情况出现时，防止过晚地发出唯一正确的命令。

我只会在非常必要的时候发出这种命令，不会过早，我没有什么好证明的，唯有请求信任。

我没有接到对这封电报的直接回答。相反，今天接到了陆军参谋总部下发的两份电报。电报对我的限制更多了。我谨向你报告，不管是我，还是全体指挥员，都充满坚持到最后一息的坚强意志。

然而，非常清楚，我是在考虑到我在元首面前要对近30万人负责，才请求允许我根据情况采取行动的。其实，类似情况每天每时每刻都有可能重新出现。

三、将今天的情况标在图上寄去

尽管向战线的西南段派出了新的兵力，但情况仍然没有发生什么改变。战线南段（第四步兵军）形势有些好转。最近那里每天都要击退敌坦克和步兵非常猛烈的冲击，然而我方遭到的损失也是巨大的，弹药消费量也是极大的。

斯大林格勒战线每天都会遇到敌军猛烈的攻击。战线北段，东北角

（第九十四步兵师）和西翼步兵第七十六师的处境异常艰难。我认为，主要的冲击在北线，因为敌人在那里有供运送援兵的铁路线和公路。近几日，我将着手从西面派遣援兵到北线。

3天来，通过空运提供的补给只能满足最低计算需求的最小部分。

近几天，在补给方面已经出现了严重的危机。

尽管如此，我仍然相信，集团军在短期内可以守住自己的阵地。

诚然，即使将来向我开辟一条走廊，暂时还不能说，在集团军的力量越来越弱，并且缺少掩蔽所、住房、建筑用木材和劈柴的情况下，能否长期守住斯大林格勒地域。

我每天都要碰到大量的完全可以理解的对未来的询问，所以我一旦有机会获得比目前更多的、能用来鼓舞我的士兵的士气、增强他们的信心的消息的话，我将不胜感激。

我谨向您报告，从把指挥权转给您——元帅先生的这一刻起，我看到了，为支援第六集团军可以做到一切保障。

为了不辜负您的信任，我的指挥人员、勇敢的士兵们将同我一道竭尽全力。

忠于您，我的元帅先生。

保卢斯

◎ 救援行动开始

12月4日，斯大林给身在斯大林格勒前线的红军总参谋长华西列夫斯基发来一份急电，批评其协调两个方面军不力。

华西列夫斯基同志：

你当下的任务是把叶廖缅科和罗科索夫斯基的行动联合起来。然而，时至今日两个方面军的力量仍然是分散的。叶廖缅科方面军于2日和3日发起进攻，而罗科索夫斯基方面军则没有什么动作。罗科索夫斯基方面军4日才发起进攻，而这时的叶廖缅科方面军已经没有能力发动进攻了，敌人抓住时机获得了机动的可能，请两位以后不要再犯这类错误了。在发布叶廖缅科和罗科索夫斯基两个方面军联合进攻命令前，需要检查一下是否有能力发起进攻。

斯大林 12月4日7点零6分

华西列夫斯基心悦诚服地接受最高统帅的批评，但同时认为战役失利的主要原因是苏军力量不够，仅靠两个方面军的力量无法消灭被围德军。他盼望着"土星"战役早日打响，这样或许能使得保卢斯的第六集团军人心涣散。

"土星"战役的初步方案是在 11 月底形成的。它由西南方面军和沃罗涅日方面军进攻在顿河中游防守的意大利第八集团军和奇尔河及托尔莫辛一带的德"霍利特"战役集群，之后向罗斯托夫发起总攻。为了保证这次战役的成功，大本营给两个方面军增派了大量精锐部队，发起攻击的时间预计在 12 月 12 日。

到了 12 月上旬，苏军围歼德第六集团军的作战依然进展缓慢。苏军不得已改变作战计划，决定组建由波波夫指挥的第五突击集团军，分阶段歼灭被围德军。计划分两个阶段实施：第 1 阶段，由顿河方面军在罗索什卡河、沃罗波诺沃歼灭敌西部和南部集群；第 2 阶段，由顿河和斯大林格勒方面军发起总攻，歼灭斯大林格勒西面和西北面的敌军主力。战役开始时间预计在 12 月 18 日。

12 月 11 日 0 时 20 分，苏联最高统帅斯大林批准了修改过的"指环"计划。然而，30 个小时后，德军霍特集团军在科捷列尼科沃发起了进攻，致使"指环"作战计划被迫推迟。越来越多的迹象表明希特勒打算派兵救援被围德军。苏军情报部门获悉德军组建了顿河集团军群，从该集团军群的名称上就能洞察出希特勒的目的。这时，苏军对保卢斯集团军的进攻却僵持不下。德军如果冲破苏军合围，内外夹击，局面将会复杂化。斯大林与华西列夫斯基不敢怠慢，决定推迟"土星"和"指环"战役，集中兵力先击退救援之敌。

12 月 11 日午夜，希特勒的失眠症又发作了，他已经几夜没有合眼了。他刚一上床，脑子里就清晰地浮现出一张张作战图，一整夜折腾个没完没了。再过几小时，曼施坦因的"冬季风暴"救援行动就要开始了，可是第六集团军的给养也将耗尽了。尽管戈林没有食言，整编了一组巨大的运输机群投入空运，但是天公不作美，冰天雪地，浓雾弥漫。从 11 月 24 日空运开始，接连几天每日只能运去 50 多吨物资，与每天至少 400 吨的要求相差甚远。第六集团军司令保卢斯多次发电求援："这样的空运，不要说部队作战，连维持生命也很困难。"

12 月 12 日凌晨，德顿河集团军群总司令曼施坦因元帅向第四装甲集团军司令霍特下达了进攻命令："沿季霍烈茨克—斯大林格勒铁路这一狭窄地段实施突击，一周之内突破苏军合围。"

酝酿半个多月的"冬季风暴"作战终于打响了。

一阵猛烈的炮火过后，耀武扬威的德国钢铁战车裹挟着沙尘从三面对坚守在科捷利尼科沃—斯大林格勒铁路线的苏步兵第三〇二师、第一二六师发起攻击。

此时，苏军总参谋长华西列夫斯基正来往于斯大林格勒方面军司令部和各师前沿。事前，他和方面军司令员叶廖缅科虽然对德军进攻科捷利尼科沃有些预感，但对德军进攻的规模和投入的兵力仍然感到非常震惊。这一带主要由苏第五十一集团军把守，约 34000 人，77 辆坦克、147 门火炮，而德军兵力和火炮高出一倍以上，约 76000 人，500 辆坦克、340 门大炮，空中还有大批飞机支援。

华西列夫斯基从前线归来，心情沮丧，由于兵力单薄，弹药不足，第五十一集团军已处在危急之中。经过与叶廖缅科协商，决定设法将方面军预备队派往前线，抽调 1 个师、1 个旅前往增援。

同一天，希特勒在他的"狼穴"大本营与陆军总参谋长蔡茨勒进行了一次长谈。当时，世界战场出现了新的变化。5 天前，日本偷袭了位于珍珠港的美国太平洋舰队，美英随即对日宣战。几天后，日本的盟国德国和意大利，对美宣战。这次谈话是在德国遇到新的挑战的情况下进行的，但是谈的主要还是苏联战场的问题。蔡茨勒向希特勒呈报了苏德战场的情况。最高统帅部的约德尔和辛格也参加了这次谈话。谈话的主题是：下一步怎么办？

希特勒问："发生了什么灾难？"

蔡茨勒答："没有，我的元首，曼施坦因已经到达阿克赛河并占领了渡口。苏联人只是在继续攻击意大利部队，意大利人已将所有的预备队投入反攻。深夜，我军有 1 个团听到警报后，马上集合，上午 10 点以前他们就赶到阵地，并投入了战斗。这对意大利人来说是非常及时的。"

希特勒说："顿河前线发生的事情，让我好几宿都没睡好，这比在南部地段发生的事件还令人头痛。谁也不知道，今后还会发生什么麻烦事。"

接着谈到应向顿河集团军群调遣兵力的问题。蔡茨勒说："曼施坦因清晨打来电话抱怨，第二十三装甲师已开始感到苏军的压力。这可能是新调来的部队……曼施坦因又发来电报，提及第十六摩托化师调防一事。不过，这是绝对不行的。如果将第十六师调走，就等于破坏了罗马尼亚的防御正面，将无法使它恢复原状。"

希特勒说："曼施坦因可以暂缓调派增援部队，现在还有 2 个加强师归他支配。一个师有 93 辆坦克，另一个师有 138 辆。曼施坦因还拥有几个航空兵团，有些事还来得及做。"

蔡茨勒点了点头，表示同意。

希特勒接着问："后续步兵师何时开到？第十一、第十七装甲师能否准时到达曼施坦因那里？"

蔡茨勒说："霍特的装甲集团军已经开始进攻，2个装甲师正在实施的突击很可能会失败。前一天，意大利军队地段的防线被敌军撕开了一个缺口。"

希特勒说："如果再有14天时间，这些兵团就能到达这里，我打算调拨给意大利军队一些坦克。可是，另一翼还需要3个师。如果运输车队能起点作用就好了。"

蔡茨勒说："现在物资保障也出现了困难。我们的供给已经到了非常时期，但是我们还是动用了军队的运输车辆。每天晚上，我和军需将军为组织供应绞尽脑汁，一个一个数字计算，尽量做到供需平衡，但是这太难了。"

希特勒说："如果将全部危险因素衡量一下，那就同往常一样，前线的这个地段是最危险的。这里驻防的是力量薄弱的轴心国军队，他们的身后没有一点预备队。"

蔡茨勒说："一定要抓紧时间堵住意大利第八集团军几个兵团防线上的缺口。最近几天，我一直在为这个问题发愁。如果事态再过两三天发生，我们还来得及做些应对。"

希特勒说："如果真是这样，当然好，我们就能堵住缺口。现在整个形势处于千钧一发之际，我们不能有任何假设。当然，我们也有难题，离各条铁路太远，调动起来不容易。"

在整个谈话期间，希特勒一再表示，无论出现什么情况，都不能放弃斯大林格勒。

希特勒说："如果放弃斯大林格勒，要想重新得到它是不可能了。这一点，我们应该很清楚。我也不可能组织任何突击性战役。十分遗憾，我们这次又耽搁了。我们如果不在沃罗涅日耽搁这么久，事态的进展就会快得多。我们可以在首次突击时达到这一点。我们如果自愿交出斯大林格勒，那我们的这次进军就毫无意义。如果认为，我还能回到这里，这是痴心妄想。"

希特勒停下来，沉思了一会儿，又接着说："眼下正值冬季，我们可利用现有兵力重建可靠的防御阵地。目前，敌军在其现有的铁路线上只有有限的运输能力。一旦冰雪融化后，敌人就会掌握如同伏尔加河上那样的运输动脉。他们懂得这将会给他们带来什么好处。到那时，我们就再也不能前进了。正因为如此，我们不能从这里撤走。为达此目的，我们已经做出了巨大的牺牲，我认为这一切是理所当然的。"

最后，希特勒信心十足地说："我认为，首先应该从南向北实施突击，突破包围圈。只有在这之后，才有继续向东突击的可能，当然这是以后的事，当务之急是找到并积蓄达到此目的的力量。意大利军队的情况如何，是决定因素。"

显然，希特勒在估计意大利第八集团军防守的顿河中游的局势时，比他的将军们更具有远见。他担心的是这里会发生悲剧。在这次谈话几天后，果然不出希特勒所料，悲剧真的发生了。

◎ 争夺，最激烈的争夺

12 月 13 日，德军依然保持凶猛的进攻势头，苏军增援部队如杯水车薪无法阻挡德军的进攻。黄昏时分，德军坦克出现在阿克赛河登陆场，并向上库姆斯基进发。

苏联最高统帅斯大林起初对科捷利尼科沃的战斗并不在意，他将全部注意力投入到"土星"作战筹备和对保卢斯集团军的围歼上。苏联顿河方面军近卫第二集团军已将保卢斯的几个疲惫之师团团围住，用不了几天就能消灭它们。所以，当 12 日午夜，华西列夫斯基在电话中向斯大林汇报战况并提出迅速调集部队增援时，斯大林不同意把近卫第二集团军调走："查一下斯大林格勒方面军还有没有预备队，能否靠自己解决这场危机？"

华西列夫斯基焦急地说："方面军已是山穷水尽，再不增援，我们的包围圈将被敌军突破。" 显然，斯大林不相信事态已经如此严重，直到第 2 天他才着急起来。

13 日夜，斯大林做出一项重要决定，即修改了"土星"作战计划，将原突击方向由南改为东南，设想苏军在击溃了意大利军团后，将锋芒指向曼施坦因，抄其后路，并将其全歼。斯大林在发给前线指挥官的训令中指出，由于形势有所变化，建议部分改变"土星"计划，主突方向不是向南，而是东南，以便夹击敌"博科夫斯卡亚－莫罗佐夫斯克"集群，推进到他们的后方，并全歼之。西南方面的近卫第一和第三集团军包围并消灭意大利第八集团军及霍特战役集群，之后向莫罗佐夫斯克发起进攻。同时，沃罗涅日方面军第六集团军的任务是从上马芒以西地区向坎捷米罗夫卡总方向实施突击，以保障西南方面军突击集团的行动。坦克第五集团军与第五突击集团军相互配合，粉碎下奇尔斯卡亚和托尔莫辛地区的敌军，以便完全孤立被围的敌第六集团军。大本营将修订后的战役计划，改名为"小土星"。

12 月 14 日 22 点 30 分，华西列夫斯基接到斯大林的命令，要求"指环"战役暂缓实施，近卫第二集团军前往增援。斯大林在电话中担忧地说："近卫第二集团军到达斯大林格勒还需要四五天的路程，告诉叶廖缅科同志，拿出守卫斯大林格勒的劲头，在援兵到来前一定要顶住德军的攻击。"

上库姆斯基地域的战斗异常激烈，该地是由南向北通往斯大林格勒的咽喉，是双方争夺的焦点。迎战德军的是苏机械化第四军，战斗持续了 3 天。这场战斗后来被德国历史学家称为"第二次世界大战坦克会战规模最大和最激烈的一次"。

12 月 15 日清晨，库尔科夫中尉奉独立坦克第五十五团长阿斯拉诺夫中校的命令，带领全排前出至距团主力前方 1000 米处，担任警戒侦察任务。库尔科夫带领战士驾驶着 3 辆 T-70 坦克，隐蔽在草丛中。

下午 2 点，前方出现了德军 2 个坦克纵队，共 50 多辆坦克，它们悄悄绕过苏机械化第四军主力，向苏军步兵阵地开来。这时有一路坦克直往库尔科夫隐蔽处冲来，库尔科夫想与团部通话，发现坦克里的无线电台出了故障。幸亏他预先通知了其他 2 位车长，在他开火前不要开火。

第一辆黑色坦克已横冲直撞逼近 800 米的距离，德军发现了苏军坦克上的杂草堆，怀疑有诈，纷纷开起炮来。不能再迟疑了，库尔科夫第一炮就击中了一辆坦克，其他车长也开了火。

激战中，库尔科夫示意其他两辆坦克边战边退，将德军引至团主力阵地附近。正追赶着 T-70 的德军坦克没料到已中埋伏，一阵密集炮火将德军打垮了，但很快后面的坦克绕过了燃烧的伙伴，向苏军防御冲来。苏军一次次击退德军进攻，直至全团三分之二官兵阵亡，余部趁夜色强行突围。

12 月 16 日，德军占领了上库姆斯基，德第十六装甲师立即向梅什科瓦河冲去，并在行进间夺占了沿途桥梁，距被围的保卢斯第六集团军只剩 48 公里了。德军突破了上库姆斯基后，一路上除了遭到小股苏军骑兵部队骚扰外，没有遇上大的抵抗。这支钢铁巨流昼夜不停地向前驱驰，它的后面尾随着一支由各种车辆组成的行动迟缓的运输车队，车上装着 3000 吨救援物资。霍特装甲车队一旦冲出一条血路，身后的车队就会全速驶入斯大林格勒。到那时，德第六集团军就会发疯似的突围，并消失在顿河茫茫的草原上。

此时，曼施坦因脑海里已不止一次出现了与第六集团军会师的情景，他在战后的回忆录中，把这次救援行动称为与苏军展开的一场生死竞赛。尽管曼施坦因全力以赴地投入了这场生死竞赛中，但是竞赛的主动权掌握在苏联人手中。斯大林这时下了一着高棋，使得曼施坦因连日来的努力付之东流。

战后，苏联学者曾长篇大论地探析斯大林这一着棋，连他的对手德国人也赞扬这是"致命的一招"，具有深刻的战略洞察力。

这一天，苏第六集团军和近卫第一集团军向顿河桥头两侧50公里长的意大利第八集团军发起攻击。在一阵猛烈的炮火后，趁着战场上的硝烟，450多辆苏制T-34坦克隆隆碾过厚厚的冰层。意大利人乱作一团，苏军未遇真正的抵抗就在意军阵地上撕开了许多缺口。苏军的进攻像一个巨大的楔子，在沃罗涅什南面向西挺进。与此同时，苏军在下奇尔斯卡亚发动了另一场攻击，把德军从那里的桥头堡中逐出，赶回河对岸。德军在顿河和奇尔河上长达340公里的阵线被击溃，苏西南方面军向前推进了150~200公里。形势危急，德军不得不抽调第四十八装甲军去堵缺口，原定让第四十八军协同第四装甲集团军进攻斯大林格勒的计划只得放弃。

12月17日，苏第六集团军和近卫第一集团军的步兵部队继续发动猛攻。德军疯狂阻击苏军向前推进。然而，苏军各步兵师得到了航空兵和坦克部队的很好配合，进一步发展了初步取得的胜利。傍晚，苏第六集团军各部队突破新卡利特瓦、杰烈佐夫卡地区的德军防线，消灭了德军剩余的抵抗据点，继续向前推进。参加突破的坦克第十七军，边战斗边向坎捷米罗夫卡方向推进。

苏近卫第一集团军各部队从下马芒、上马芒、下戈尼卢沙行动，在向南和东南方向发展攻势时，于12月16日至28日的战斗中突破了意大利步兵第三师和德步兵第二九八师的防御。在该集团军进攻地带参加突破的有坦克第十八、第二十四和第二十五军。坦克第二十四军各部队于1942年12月17日11时30分开始在上马芒、下马芒地区强渡顿河。18时30分，部队渡河结束后，参加了突破，其任务是在坦克第十八军和第二十五军的后面扩大战果，日终前占领特韦尔多赫列博沃、拉斯科夫卡、韦尔韦科夫卡，之后再向南扩大战果。

苏近卫第三集团军从克鲁日林－博科夫斯卡亚地区以东突破了德军的防御阵地。12 月 18 日，近卫机械化第一军与步兵第十四军一起占领了阿斯塔霍夫、科尼科夫、博科夫斯卡亚和旧泽姆佐夫等居民点。

在西南方面军右翼的苏坦克第五集团军以步兵第三二一师和机械化第五军的力量强渡奇尔河，并占领了正面达 15 公里、纵深达 5 公里的登陆场。

经过 3 天激战，苏西南方面军和沃罗涅日方面军左翼部队从几个方向突破了德军异常坚固的防线，强渡顿河和博古恰尔卡河。苏近卫第一集团军和第六集团军的进攻地段为主要突击地段。在这里突破德军的防御正面宽 60 公里，部队向纵深推进 40 公里，前出至博古恰尔卡河南岸。苏近卫第三集团军突破德军防御正面 20 公里，向纵深推进 15 公里。

激战中，苏军进攻部队歼灭了意大利步兵第 3 师和第 9 师，德步兵第二九四师、第二九八师，并给意大利步兵第二十五师造成了巨大损失。苏军冲过顿河全力向意大利第八集团军发起猛攻。苏军在几处揳入意大利第八集团军的防线，致使其中断了对部队的集中指挥，预备队在第一天就消耗殆尽。

意大利军队垮台后，曼施坦因意识到，要救援陷入围困中的德第六集团军，唯一的办法是让该集团军在第四装甲集团军于外围发起冲锋时，集中全力由内向外实施突围。

第六章　困兽犹斗

德军遭到巨大伤亡，仍然向苏坦克第二十四军所占领的阵地发动进攻。对苏军来说，最大的问题是弹药严重不足。为击退德军的疯狂进攻，苏军把缴获来的火炮和炮弹都用上了。

◎ 有心救援无奈乏术

趁德军及其轴心国军势力大为削弱没有力量控制苏联战场南翼之际，苏联最高统帅部决定，以斯大林格勒方向的进攻作为战略总攻，这就意味着斯大林格勒大会战进入了最后阶段。苏军斯大林格勒方面军和高加索方面军北方集群迎击从北高加索撤下来的德国 A 集团军群。苏西南方面军在顿巴斯发动反攻，沃罗涅日方面军在顿河上游展开积极的行动。

德军在斯大林格勒地区的部队成了瓮中之鳖，被结结实实地围在 170 公里长的包围圈内，他们利用了苏军旧防御工事建立了坚固的纵深防御。这一带为丘陵地，有许多断崖陡岸的小山谷，居民点星罗棋布，这些都为组织坚固的防御提供了有利条件，增加了进攻行动的困难。

德军在皮托姆尼科、巴萨尔基诺会让站、大罗索什卡、古姆拉克、沃罗波诺沃站及其他地区修建的机场足够容纳大量的飞机。然而，苏联航空兵第八、第十七、第十六集团军以及国土防空军的航空部队和高射炮兵对德军航空兵实施了严密的封锁，使其无法完成任务，并阻止了其向包围圈内运送物资，同时苏军还主动出击，不断消灭德军运输航空兵。

苏军最高统帅部大本营决定，尽快全歼被包围的敌军集团，顿河方面军唱主角，其他部队密切配合。

12月19日，苏联统帅部大本营向沃罗诺夫（西南方面军）、华西列夫斯基（顿河方面军）、罗科索夫斯基（顿河方面军）、叶廖缅科（斯大林格勒方面军）、瓦图丁（西南方面军）转发了最高统帅斯大林的训令。

训令说，沃罗诺夫同志圆满完成了协同西南方面军和沃罗涅日方面军作战的任务，"可以认为，沃罗诺夫同志的使命已经完成"。训令接着指出："调任沃罗诺夫同志到斯大林格勒和顿河方面军协助华西列夫斯基消灭斯大林格勒的被围敌军。作为大本营的代表和华西列夫斯基的副职，沃罗诺夫同志要在12月21日前，围绕突破被围困在斯大林格勒城下的敌军防御和在5～6天内将其歼灭的计划向大本营提交一份报告。"

沃罗诺夫炮兵上将当天便来到顿河方面军司令部，作为大本营的代表，他要协助准备歼灭被围德军集团的战役，并对这一战役实施全面领导。华西列夫斯基此时则全神贯注地研究解决击溃曼施坦因部队的一些问题。

苏联最高统帅部代表沃罗诺夫、顿河方面军司令员罗科索夫斯基和参谋长马利宁开始着手拟制详尽的战役计划，指挥部及几个集团军司令部也被吸收进来参加这项重要工作。

19日14时，德顿河集团军群总司令曼施坦因致电陆军总参谋长蔡茨勒并转呈希特勒，汇报第六集团军当前面临的情况及应该采取的策略，电报全文如下：

陆军总参谋长并呈元首：

由于B集团军群内部的一些情况及由此造成的运送新锐兵力的道路被切断，再加上顿河集团军群的内部问题，使得我们没有过多的精力考虑近期内为第六集团军解围。

由于兵力不足和天气情况，空运补给和将集团军留在要塞地区都是不可能的，4个星期的包围可以证明这一点。第五十七装甲军仅靠自己的兵力无法恢复同第六集团军的陆上联络，让第六集团军长期坚守阵地，根本是不可能的。

为此，我个人认为，第六集团军在西南方向的突破至少是保存基本兵力还有作战能力的集团军快速部队的最后机会。

突破的第一个目标：在梅什科瓦河地区重新取得同第五十七装甲军的联系。如此突破只是集团军边战边向西南方向转移的一种方式，通过这样的行动，第六集团军将放弃要塞地区有关地段。

此次战役中，务必以足够数量的歼击机和轰炸机保障空运补给的顺利完成。

当前，罗马尼亚第四集团军北翼已经感觉到了敌军的压力，所以为保证第五十七装甲军顺利完成任务，不管什么情况都要迅速从高加索战线抽调兵力，掩护第五十七装甲军的右翼。

在时间继续被延误的情况下，第五十七装甲军的进攻可能会被阻止在梅什科瓦河地区，或者北面，或者被敌人在其右翼发起的突击所牵制，进而导致里外夹击部队的协同动作失败。实施突击前，第六集团军需要几天时间重新部署兵力和补充燃料。

大包围圈里的粮食尚能维持至 12 月 22 日。战士们的身体非常虚弱（14 天里，每天只吃 200 克面包）。据第六集团军指挥部的通报，损失了大量马匹，这些马匹不是战死的，而是被吃掉或者饿死的。

顿河集团军群总司令曼施坦因元帅

数小时后，德第六集团军司令保卢斯收到顿河集团军群司令部的命令，总司令曼施坦因在命令中称，根据当前局势的发展你部必须直接参与"冬季风暴"，并尽早做好突围的准备。

保卢斯收到这份命令后，立即向曼施坦因报告，集团军突围缺少足够的燃料。如果在突围的同时还要坚守斯大林格勒，那是不可能的。曼施坦因自然理解保卢斯的苦衷，目前的局势迫使第六集团军必须采取行动，而这些却是与希特勒不能放弃要塞的命令相抵触的。于是，曼施坦因在上述给元首大本营的电报中特意指出形势的严峻性。

12 月 19 日黄昏，苏近卫第二集团军 180 公里急行军驰援顿河前线。这时，曼施坦因尽管觉察到了战场形势出现了逆转，但他仍然没有放弃救援计划，一方面敦促希特勒同意第六集团军突围，另一方面命令霍特率部继续发动进攻。突至梅科什瓦河地区的霍特，离被围的德第六集团军只剩 40 公里，不过这时霍特的第四装甲集团军也遭到了重大伤亡。

德军连续数日作战，部队非常疲惫，而苏近卫第二集团军的到来，使得苏军阵地坚如磐石。德军耗尽了它积存的所有力量，骤然松弛了下来，再也无法向前跨越一步，只得由进攻转入防御。当苏西南方面军击垮了意大利军队，出现在霍特部队的后方时，精疲力竭的德军知道，他们的归路即将被切断。

到了这个时候，希特勒意识到问题的严重性，于是同意保卢斯的第六集团军向西南突围，条件是不准放弃斯大林格勒的现有阵地。保卢斯电告曼施坦因："部队缺少粮食、弹药和燃料，坦克只能勉强行驶 20 公里，既要守住阵地又还要分出一部分兵力突围是不可能做到的。"曼施坦因不得不痛苦地面对现实："冬季风暴"宣告终结。

◎ 盯上曼施坦因

12月20日，德军在斯大林格勒北方和东北方发起攻击，企图夺取下库姆斯基、瓦西里耶夫卡、切尔诺莫罗夫、格罗莫斯拉夫卡、卡普金卡。苏军近卫第二集团军坚守着占领的阵地，并且不断有新部队集结，伺机投入战斗。

20日14时30分，德军打退了苏军的首次猛攻，但是几个坦克乘员组被苏军击毁了。一直到天黑，德军仍然没有清除攻入登陆场西北部的苏军。此时，德军25辆坦克出现了故障，一小部分是由于技术问题，大部分是在作战中被苏军摧毁的。傍晚时分，德军佐林科普集群赶来增援，虽然挤满了登陆场，却依然没将勇猛的苏联红军从村庄南边赶走。

同一天，苏军西南方面军各部队在追击德军时，几个坦克军冲入卢甘斯克州东北地区，成为解放乌克兰的前奏。苏坦克第二十四和第二十五军在塔钦斯卡亚和莫罗佐夫斯克突破了德军的防御，并且向纵深推进。这两个军脱离步兵单独行动110 ~ 120公里，饱尝了一番德军航空兵的轮番轰炸后，将未被击溃的敌人甩在后面，按照自己的路线迅速向前推进。

由巴达诺夫指挥的苏坦克第二十四军进攻尤为神速。该军于19日投入战斗，5天5夜向纵深推进了200公里，成功摧毁了意大利第八集团军的后方。22日，坦克第二十四军战斗在博利申卡、伊利英卡地区，并俘虏了大量德军。次日，该军又占领了斯科瑟尔斯卡亚。

德军开始向莫罗佐夫斯克撤退。当巴达诺夫率领坦克第二十四军向塔钦斯卡亚突进时，德军就停留在坦克第二十四军后方和侧翼。当斯科瑟尔斯卡亚的战斗结束时，夜幕快要降临了。装备需要检修，部队需要休息。因弹药和燃料不足，形势开始变得更加复杂。

12月21日，苏近卫第二集团军牢牢地将德军阻止在格罗莫斯拉夫卡、伊万诺夫卡、瓦西里耶夫卡、卡普金卡地区。德军出动18架轰炸机轮番对格罗莫斯拉夫卡小镇进行轰炸，试图将苏军赶出该镇。14时30分，德军又出动了40辆坦克对格罗莫斯拉夫卡南郊发动进攻，结果丢下9辆被烧毁的坦克，急速缩回原阵地。德军在瓦西里耶夫卡附近坚守着登陆场，苏军连续发动进攻，未能完成任务，战斗只能拖延下去。

苏军夺取登陆场没有成功，德第六装甲师在登陆场集结兵力，准备伺机反攻。在行军100多公里后，德第六装甲师先遣部队已走过了四分之三的路程，距斯大林格勒只有48公里。

突向梅什科瓦河地区的德第四装甲集团军距被苏军包围的德第六集团军只有40公里。不过，第四装甲集团军在行进途中不断受到苏军的顽强阻击，损失惨重。部队风餐露宿又长时间得不到休息，战斗力大大下降。其中第六装甲师从12日至20日损失了1100人，连队人数下降了50%，连一级的指挥人员损失很大。整个突击集团损失了 230 辆坦克，步兵减少了 40%。虽然保卢斯的第六集团军近在咫尺，却无力为其解围。

此时，作战强悍的苏近卫第二集团军正将其主力展开在梅什科瓦河一带，并成功击退了德军多次进攻。该集团军近卫步兵第二十四师防守在沙巴林斯基、切尔诺莫罗夫、下库姆靳基以北；步兵第九十八师防守在下库姆斯基北郊的格罗莫斯拉夫卡、伊万诺夫卡；近卫步兵第三十三师被用作预备队。苏近卫步兵第十三军的近卫步兵第三师在瓦西里耶夫卡、卡普金斯基地段打退了德军从右翼发动的攻击。第十三军的后方集结着近卫机械化第二军。第二集团军主力的右翼由步兵第三〇〇师掩护，左翼由步兵第八十七师掩护。

12 月 22 日，德军在格罗莫新拉夫卡、伊万诺夫卡、瓦西里耶夫卡和卡普金斯基几个地区发动攻击，战斗非常激烈。苏近卫第二集团军的部队经过反复突击，清除了梅什科瓦河北岸下库姆斯基至瓦西里耶夫卡一带的德军，但在瓦西里耶夫卡和卡普金斯基的德军第六、第十七装甲师守住了阵地。

12 月 23 日凌晨 2 时，苏坦克第二十四军各部顾不上检修装备，带上少量弹药和燃料，从斯科瑟尔斯卡亚地区出发了。黎明时分，坦克第二十四军占领了火车站、塔钦斯卡亚和机场，进入攻击地域。此时大雾弥漫，有利于苏军隐蔽接近，他们的出现出乎德军意料，机场全体人员还在土窑里，负责掩护机场在塔钦斯卡亚车站的高射炮兵们也都不在战位。

23 日 7 时 30 分，苏军近卫迫击炮营发起炮击信号后，部队开始进攻。坦克第一三〇旅从南和东南方向切断了莫罗佐夫斯克 - 塔钦斯卡亚的铁路线和塔钦斯卡亚东南的公路交叉路口。不到 9 时，苏军便夺取了机场，消灭了德军飞机和张皇失措的飞行人员。第一三〇旅第二坦克营占领了塔钦斯卡亚车站，消灭了铁路上装有飞机的列车和油罐车。苏军近卫坦克第四旅从北面和西北面同时突击，袭击了塔洛夫斯基镇，进入塔钦斯卡亚北郊，保障了两个摩托化步兵连在这个方向的推进。坦克第五十四旅从西面和西南面发动进攻，进入塔钦斯卡亚南部和机场区域。

德军指挥部立即采取措施试图恢复斯科瑟尔斯卡亚和塔钦斯卡亚地区的局势。11时，德军派第十一装甲师攻击斯科瑟尔斯卡亚并占领了它。德军22辆坦克载着步兵，企图冲进塔钦斯卡亚，但是没有成功，最终被击退并撤了回去，留下了6辆燃烧着的坦克。

23日17时，苏军坦克第十七军各部将塔钦斯卡亚镇、车站、机场的德军全部清除，并建立了环形防御工事。战利品中，有300架飞机，是还未来得及从机场起飞或还装在列车上就被缴获的。

23日晚，苏近卫第二集团军司令部召开军事会议。司令员马利诺夫斯基坐在地图前的桌子旁，面对门口，见人来得差不多了，宣布开会。马利诺夫斯基心情很好，一开口就使会场的气氛活跃起来："同志们，总参谋部已批准了我们的反攻计划，明天上午10点转入进攻。"

与会者悄悄议论开了："让我们收拾一下那位傲慢的曼施坦因元帅吧。""早该教训教训这个德国佬了。"马利诺夫斯基没有阻止大家，几小时前，他在方面军司令部听到这一消息也差点失态。叶廖缅科郑重地对他说："在科捷利尼科沃方向，形势已经朝着对我有利方向发展。友军在顿河中游给意大利人致命一击，曼施坦因快沉不住气了。"临别时，他拉着马利诺夫斯基的手，叮嘱道："等着你们的好消息。"

想到这，马利诺夫斯基转身对集团军参谋长比留佐夫说："怎么样，你觉得这次进攻有什么困难？"比留佐夫站起身，拿着指挥棒面对地图扼要地阐述了这次作战计划。根据最高统帅部的要求，在科捷利尼科沃方向进行一次围歼霍特集团的战役，华西列夫斯基和叶廖缅科命令近卫第二集团军担任主攻，第五十一集团军在侧翼配合作战。此次作战分为两个阶段：第一阶段：近卫第二集团军4个军在第五十一集团军2个军的配合下，将德军挤压到阿克赛河，消火德军第十七装甲师、第二十三装甲师，并顺利渡河；第二阶段：从右侧突击科捷利尼科沃，同时从西面和西南面围歼科捷利尼科沃方向的德军。

比留佐夫报告完后，马利诺夫斯基充满激情地做了一番动员，在结束时他要求大家对一下时间："现在是23日晚上10点，再过12个小时，进攻就要开始了。同志们，回去最后检查一下，我相信，这一回曼施坦因是逃不了啦。"

◎ 马利诺夫斯基唱主角

12 月 23 日，德军在梅什科瓦河地区由进攻转入防御。苏斯大林格勒方面军近卫第二集团军和第五十一集团军牢牢地守着防御阵地，德军科捷利尼科沃集团的进攻被完全遏制住了。德第四装甲集团军司令霍特和第五十七装甲军军长基尔希纳认为，增援部队不到，他们就不能顺利实施战役。在德第四装甲集团军发动进攻时，苏军西南方面军的部队在斯大林格勒西北给了他们一个毁灭性的打击，曼施坦因的处境变得更加艰难。

顿河中游的意大利军队和德国军队已被苏军歼灭，德军顿河集团军群指挥部将派往前线的各个兵团转属 B 集团军群，开往科捷利尼科沃方向的德第十一装甲师又返回奇尔河下游。德第五十七装甲军的第六装甲师奉命即刻开往这一地区。德军顿河集团军群指挥部决定暂时转入防御，等待把党卫队"威金人"师从高加索方向调来。实际上，霍特集团军的攻势已被粉碎，因为科捷利尼科沃集团没有得到集结在托尔莫辛地域部队的支援，这样就无法组织有效的攻势。

180

苏联最高统帅部识破了德军的意图，并采取了相应的措施。在梅什科瓦河地区的战斗中，航空兵第八集团军全力支持地面部队，从空中粉碎了德军的进攻计划。苏军飞机在格罗莫斯拉夫卡、上库姆斯基、扎戈茨科特、舍斯塔科夫、下库姆斯基地区进行战斗飞行 750 多架次。

12 月 24 日，苏斯大林格勒方面军近卫第二集团军和第五十一集团军在科捷利尼科沃发起进攻。按计划，近卫第二集团军的 4 个军——近卫步兵第一军、第十三军、坦克第七军、近卫机械化第二军将在科捷利尼科沃发起总攻；第五十一集团军的两个军——机械化第十三军和近卫机械化第三军对基谢列夫卡、扎韦特诺耶、杜博夫斯科耶方向发动助攻。

近卫第二集团军司令员马利诺夫斯基决定对克鲁格利亚科夫方向的沙巴林斯基、伊万诺夫卡地段发起攻击。预定在苏第五十一集团军右翼部队的配合下，在 146.9 高地和 157.0 高地至阿克塞河一线地区，对德军主力实施围歼。

苏军几百门火炮、迫击炮齐鸣，烈火和钢铁同时向德军防线倾泻。在苏军大规模的进攻面前，德军开始溃退。德第四装甲集团军司令霍特怀着莫大耻辱撤离上库姆斯克、梅什科瓦河一带。他在接到撤退命令的当天，即向曼施坦因司令官提出异议，他一直想着冲进包围圈与第六集团军会合。

霍特与第六集团军有着深厚的感情。7 月末，他奉命率部南下，配合第六集团军攻打斯大林格勒，与保卢斯一样，他把它看成立功授勋的良机。岂料 4 个多月以来，战斗越来越残酷，11 月中旬苏军开始转入反攻，使他蒙受了战败的耻辱。

霍特咽不下这口气。当曼施坦因召集他为保卢斯解围时，他二话没说，一路冲锋陷阵，心想无论如何也要将身陷重围中的第六集团军解救出来。结果，他尽了最大努力，还是功亏一篑。前线的德军开始溃退了，局势的发展使霍特终于明白再不撤退就要全军覆没了，而马利诺夫斯基的进攻只是一场大规模攻势的前奏。

12月25日，近卫第二集团军和第五十一集团军主力继续发动进攻，击退了德军的掩护部队，开始向阿克赛河推进。德航空兵对苏军进攻部队的战斗队形实施了密集轰炸，仍然没能阻止苏联红军前进的脚步。坦克第七军突向诺沃阿克赛斯基，并占领了该地，活捉近千名德军，并缴获了大量武器和弹药。这个胜利让步兵部队在诺沃阿克赛斯基—克累科夫一线向阿克赛河推进时，轻松了许多。当夜，坦克第七军先遣队渡过阿克赛河，在黎明前占领了格涅拉洛夫斯基，将驻扎在这个居民点的德军消灭了近半。随后，坦克第七军的主力也渡过了阿克赛河。

在近卫第二集团军的左翼，先遣支队在克累科夫、舍斯塔科夫和安东诺夫地区占领了阿克赛河渡口。马利诺夫斯基要求近卫步兵第一军和第十三军加快进攻速度，甚至派出滑雪队潜入敌防御部队纵深。苏军机械化第六军击败罗马尼亚军队的抵抗，向前推进，并于天黑前打响了争夺萨莫欣和沙尔努托夫斯基的战斗。在集团军中间区域进攻的近卫步兵第一军和第十三军推进到103.0高地—比留科夫斯基—舍斯塔科夫—克鲁格利亚科夫一带。

在近卫第二集团军右翼进攻的坦克第七军与近卫步兵第一军协同作战，击败了罗马尼亚第六集团军，前出至通往上亚勃洛奇内的要道上。罗马尼亚步兵第二师被彻底击溃。德军急忙将第十七装甲师的主力投入该地区，但是迎接他们的是苏军航空兵第八集团军强击机的猛烈攻击，他们只得放弃上亚勃洛奇内。

撤离伏尔加河沿岸一带的德军科捷利尼科沃集团向西南方的罗斯托夫奔去。草原上刮着暴风雪，狂风怒吼，积雪掩埋了道路。德军企图将途经的一个个居民点作为防御阵地，但是在苏军强大的火力面前，不得不一次次让出居民点。

苏军近卫第二集团军和第五十一集团军的部队分别从北面和东北面向科捷利尼科沃推进，坦克和机械化兵团在冰天雪地里发挥了重要作用。

同一天，苏军西南方面军坦克第二十四军军长巴达诺夫将军发布战斗号令："为了阻止敌人从东部向各部队发起进攻，将摩托化步兵第二十四旅的炮兵营配属给坦克第一三〇旅，并把它配置在塔钦斯卡亚东北郊的发射阵地上，要准备好向敌人集结地实施射击用的数据。坦克第一三〇旅旅长对共产国际村和博博夫尼亚地区的敌人进行了详尽侦察。步兵和坦克需要埋伏起来。提前对目标进行试射以便节省弹药，准确打击目标，并最大限度地利用敌人的武器弹药。"

12月26日7时30分，巴达诺夫将军收到西南方面军司令员瓦图丁的贺电："你军已获近卫军称号。授予你苏沃洛夫二级勋章一枚，谨向你及全军官兵表示祝贺，并衷心希望你们取得全胜。"

1小时后，德军从3个方向向塔钦斯卡亚发起攻击，均被坦克第二十四军击退。13时整，德军又发起了冲击，但是遭到了苏军坦克第二十四军第一三〇旅的坚决反击，进攻再次被击退。两小时后，德军第三次发起攻击，遭到了同样的下场。整整一天，德军航空兵向苏军坦克第二十四军的战斗队形实施了密集突击。26日夜，德军继续在塔钦斯卡亚周围集结兵力，清晨又发起了进攻企图消灭被围苏军。苏坦克第二十四军立即以牙还牙。

12月27日晨，苏第五十一集团军的快速集群遵照特鲁法诺夫少将的命令，向扎韦特诺耶、杜博夫斯科耶地区发起进攻。苏机械化第十三军和近卫机械化第三军穿过罗马尼亚第四集团军的防线，从南面纵深包围德军的科捷利尼科沃集团。

中午时分，苏近卫第二集团军的坦克第七军从北面攻击科捷利尼科沃，遭遇了德军精锐的守城部队。战斗打得难解难分，苏军久攻不下。

斯大林格勒保卫战时期的苏联农民

同日，苏军顿河方面军司令员罗科索夫斯基和大本营代表沃罗诺夫拟制了新的作战计划草案（即后来的"指环"计划），并于当天空运到莫斯科。

这一天，希特勒也没闲着，召开了军事会议。会上，空军司令戈林为空军空运遭到惨败百般辩解，曼施坦因发来电报指责意大利人的溃退迫使"冬季风暴"停止执行，陆军总参谋长蔡茨勒则三番五次劝说希特勒撤军。

蔡茨勒滔滔不绝地说着撤军的理由，他认为任何一个神志清醒的军人都可以看出，曼施坦因的救援行动已彻底失败。如今不仅仅要考虑斯大林格勒城下被围的第六集团军的命运，更要关注整个战局面临的危机。苏军向罗斯托夫进军，加大了北高加索方面德军的压力。他强烈要求希特勒同意后撤，并警告说："如果现在不下令从高加索撤兵，就会出现第二个斯大林格勒。"

　　希特勒被说得心烦意乱，在蔡茨勒的一再催促下，犹豫了半天，说："好吧，你想怎么干就怎么干吧！"

　　会后，希特勒很快就反悔了，他打电话给陆军参谋总部："关于从高加索撤军的事，先等一下，我们再谈谈。"

　　蔡茨勒回答："太晚了，命令已经发出。"

　　希特勒气恼地把听筒扔回原处。

　　这一天，德军收紧了对苏坦克第二十四军的包围圈，该军在包围圈中进行了顽强的防御战。当德军攻破苏摩托化步兵第二十四旅的防线时，苏坦克第一三〇旅接到向德军进行反击的命令。这样一来，坦克战开始了。战斗结束后，德军丢下7辆坦克撤退了，苏坦克第一三〇旅坦克第二营营长涅恰耶夫大尉在战斗中英勇牺牲。德军遭到巨大伤亡，仍然向苏坦克第二十四军所占领的阵地发动进攻。对苏军来说，最大的问题是弹药严重不足。为击退德军的疯狂进攻，苏军把缴获来的火炮和炮弹都用上了。

　　22时，苏坦克第二十四军军长巴达诺夫召开一次各部队指挥员会议。旅长们一一汇报了部队人员和装备的损失情况。巴达诺夫决定继续防守塔钦斯卡亚。

　　23时，苏坦克第二十四军驻地上空出现了苏军飞机，并开始空投弹药。两个半小时后，军长巴达诺夫得到方面军首长的许可，率部队撤出包围。

◎ 成了瓮中之鳖

　　12 月 28 日凌晨 1 时，斯大林和朱可夫从最高统帅部大本营专门致电西南方面军司令员瓦图丁："你们的首要任务是确保巴达诺夫的坦克第二十四军不被歼灭，尽快派帕夫洛夫和鲁西亚诺夫援助他。你们告诉巴达诺夫在万不得已时暂时放弃塔钦斯卡亚的决定是正确的。"

　　斯大林和朱可夫一再嘱咐瓦图丁："记住巴达诺夫，不要忘记巴达诺夫，一定要救出巴达诺夫。"

　　瓦图丁向两位统帅保证："将尽一切力量，救出巴达诺夫。"

　　苏坦克第二十五军和近卫机械化第一军被派去增援坦克第二十四军，不过没能冲破德军封锁。

　　凌晨 2 时，寒霜满地，苏坦克第二十四军将士却无法入眠。军长巴达诺夫发布命令，边战边突围，并制定了行军程序和伤员的输送方式。天亮前，全军冲破德军的防线，冲出包围，撤到了伊利英卡区苏军后方。

德军急忙调集预备队，在苏军西南方面军右翼向第六和近卫第一集团军步兵师实施反冲击，但是未能得逞。苏军步兵师在击退敌人反击的同时，跟着快速部队向前推进，以保证快速部队不再被德军分割包围。

清晨，苏斯大林格勒方面军坦克第七军重新向科捷利尼科沃发起攻势，德军事先做了防御准备。在城北郊，德军集中了近30门火炮，在各条通道设了地雷，在84.0高地、101.5高地配置了30辆坦克和近一个营的步兵。坦克第七军在没有步兵支援的情况下作战，只得改变战术。他们以坦克第62旅和近卫坦克第十三旅痛击德军，命令坦克第八十七旅和摩托化步兵第七旅从西边绕过德军，突击其左翼，切断科捷利尼科沃通往西面和西南面的各条道路。

16时，苏军坦克第六十二旅、近卫坦克第十三旅、坦克第八十七旅和摩托化步兵第七旅的分队攻占了科捷利尼科沃西南1公里处的德军机场。几架德机执行任务时不知道机场已被苏军占领，仍降落在机场上，当场被俘。18时，苏近卫第二集团军各旅冲进了城北郊和西郊，同负隅顽抗的德军展开了激烈的巷战。

12月29日拂晓前，近卫第二集团军坦克第七军完全驱除了科捷利尼科沃地区的德军。在科捷利尼科沃的战斗中，34名德军阵亡或被俘。德军在仓促退却时留下了65门完好的大炮和迫击炮、15架飞机、大批弹药和粮食。此役，坦克第七军战功卓著，被改编为近卫坦克第三军，并荣获"科捷利尼科沃"称号，军长罗特米斯特罗夫得到了政府奖赏，被授予一枚二级苏沃罗夫勋章，并晋升为坦克兵中将。

科捷利尼科沃被攻克后，盘踞在托尔莫辛地区的德军孤立了起来。马利诺夫斯基指挥苏近卫第二集团军调转方向，开始向托尔莫辛地区挺进。

托尔莫辛是德军的重要基地，它不仅供应奇尔斯卡亚德军的粮食和弹药，还直接威胁苏军的交通线，距离被围的德第六集团军 40 多公里。之前，苏德双方在这一带集结重兵，战斗呈僵持局面。现在，科捷利尼沃丢失后，托尔莫辛的德军三面被围。

12 月 30 日，苏军第五十一集团军夺取了烈蒙特纳亚站，第二天又开始攻打齐莫夫尼基站。其步兵兵团在安德烈耶夫卡、锡罗茨基、尼科利斯基一带推进到萨尔河。

解放科捷利尼科沃后，苏军具备了彻底粉碎托尔莫辛地区德军的有利条件。这个地区的德军距离被包围的保卢斯的第六集团军很近，所以有突向该集团的危险。最高统帅部大本营指示斯大林格勒方面军司令员叶廖缅科和近卫第二集团军司令员马利诺夫斯基务必尽快消除这一威胁。

苏近卫机械化第二军担任粉碎托尔莫辛集团的主力，但该军被顿河挡住了去路。对步兵和炮兵来说，冬天强渡顿河不是特别难，但是 T-34 型坦克要过河就很危险了。这个时候，顿河上的冰层只有 30~40 厘米厚，无法承载重型坦克。工程兵部队没有架桥用的木材，只好采用人工方式增加冰的厚度。第 1 辆 T-34 坦克刚开到冰层上，就翻到冰水里去了。第二集团军司令员马利诺夫斯基决定，只把步兵、装甲车和 T-70 轻型坦克调到河对岸，对德军发动进攻。

入夜，苏军近卫机械化第二军开始了决定性的进攻，德军慌乱起来。德军地面部队和航空兵的协同动作遭到破坏，在争夺巴拉班诺夫斯基居民点的战斗中，德军轰炸机突击了自己人。苏军刚要集结冲击该地区时，德军 18

架飞机就已轰炸了这个坚固的抵抗枢纽部。结果，德国的飞机刚飞离目标，苏军就轻而易举地冲进了那里。苏军从三面向托尔莫辛发动猛攻。德军虽然进行了顽强抵抗，但还是没能顶住，只得仓促北撤。

12月31日，苏近卫第二集团军解放了托尔莫辛。德军失掉托尔莫辛，希特勒就失掉了一个公路与铁路交通枢纽部和顿河集团军群的食品基地，也失掉了给托尔莫辛和下奇尔斯卡亚地区的部队补给弹药及其他军用物资的仓库。

在科捷利尼科沃战役中，罗马尼亚第四集团军被全歼，德第四装甲集团军遭到重创，退到了距斯大林格勒200多公里的齐莫夫尼基地区，德顿河集团军群残部逃至马奇河一带。

曼施坦因的解围计划彻底破产了，保卢斯的第六集团军插翅难飞。

这一天，斯大林在莫斯科召开军事会议，审议歼灭合围圈中德第六集团军的"指环"作战计划。"指环"作战在11月底就开始筹备了，后因曼施坦因的"冬季风暴"而被迫推迟。12月底，苏军击退了曼施坦因的进攻，苏西南方面军和沃罗涅日方面军在顿河中游又重创了意大利军团，这样德国第六集团军便成了瓮中之鳖。

克里姆林宫的会议厅里苏军高级将领济济一堂。出席会议的有最高副统帅朱可夫、斯大林格勒方面军司令员叶廖缅科、顿河方面军司令员罗科索夫斯基、西南方面军司令员瓦图丁、炮兵上将沃罗诺夫和总参谋长华西列夫斯基。

"指环"作战任务主要由顿河方面军承担，为此苏联最高统帅部将原属斯大林格勒方面军的第六十二、第六十四、第五十七集团军也划归顿河方面军。会议首先听取了罗科索夫斯基的汇报。

罗科索夫斯基对斯大林格勒的作战态势及被围德军动向做了详细的分析："侦察结果证明了我们的判断：第一，保卢斯的集团军虽然已穷途末路，面临着粮食、弹药和燃料的不足，但是现在没有任何迹象表明它们会主张放下武器投降；第二，被围德军兵力有 20 多万，他们盘踞在 170 公里的地盘负隅顽抗。这一带多为丘陵地形，有许多断崖陡岸的小山谷，居民点星罗棋布，易守难攻。下面我着重谈一下我军的对策。"

罗科索夫斯基才思敏捷，他没有看桌上摊开的地图，作战双方兵力部署、态势和走向，早已成竹在胸，他说："这个计划是由大本营副代表沃罗诺夫同志帮助我们制订的，同时听取了集团军司令员的想法。我军的防线是：在市内沿河区由第十二集团军防守，北面是第六十六集团军防区，与第六十二集团军相隔 5 公里，接着是第二十四集团军防区；西部地段由第六十五和第二十一集团军共同防守；南部是第五十七和第六十四集团军。我军从四面八方把保卢斯军队围得水泄不通。

"反观德军，其阵地呈鸡蛋形，几十万人缩成一团，攻北南救，攻南北援，可以从四面机动兵力，其核心在卡尔波大卡、马里诺夫卡、德米特里耶夫一带。我军的主要突击方向应放在哪里呢？从北面突击不行。保卢斯早在 8 月份就从此地突向伏尔加河，那里工事坚固，防守严密，南面也只能做配合性的辅助突击。我们计划从西面沿韦尔佳奇、大罗索什卡、古姆拉克、戈罗季谢一带，从第六十五和第二十一集团军的相邻翼侧实施猛攻。"

罗科索夫斯基说完，与会人员沉浸在思索中。

斯大林注视着大家说："5 个月的血战，我们付出了极大的牺牲，终于迎

190

来了总攻。我们一定要打好这一仗。华西列夫斯基同志，你有什么意见？"

"我看不错。敌人现在已龟缩成一团，如果只从一个方向或从外面零打碎敲，既费时伤亡又大。顿河方面提出中间突破，大胆穿插，把围困中的德军切割成一股股，使他们群龙无首，迅速瓦解。"

斯大林回头看着朱可夫："朱可夫同志，你有什么建议吗？"

朱可夫说："总的设想不错，只是我担心主要突击力量是否可以撕开敌人的防线，还有主攻和助攻如何配合？"

"对，敌人阵地经过几个月的苦心经营，虽已面临绝境，但是狗急跳墙，垂死之敌不好对付噢。"

会场气氛活跃起来，大家各抒己见，出谋献策。

斯大林集思广益，最后对"指环"作战计划作了重大修改，并以命令的形式下发给顿河方面军。

"指环"计划存在如下缺点：主要突击方向和辅助突击方向不够集中。这样一来，两股突击力量很难会师，如此让人觉得战役胜利的概率很小。

依据最高统帅部大本营的意见，战役第1阶段的任务是分割和消灭克拉夫佐夫、巴布尔金、马里诺夫卡、卡尔波夫卡地区被围敌军的西部集团，使我军的主要突击从德米特里耶夫卡、1号农场和巴布尔金地区转向南方的卡尔波夫斯卡亚车站地区。第五十七集团军从克拉夫佐夫、斯克利亚罗夫地区辅助主要突击，这样两股突击力量应在卡尔波夫斯卡亚车站地区会师。

与此同时，应组织第六十六集团军经奥尔洛夫卡向红十月居民区方向实施突击，第六十二集团军同时实施突击。为了接应两个集团军的突击，使两军顺利会师，可以将红十月工厂区的敌人与敌主要兵力集团切割开来。

　　总结第一阶段战果的基础上，请于1月9日前将第二阶段战役计划经总参谋部呈报上来。

斯大林　朱可夫

◎ 第一次收到最后通牒

12月31日午夜时分，希特勒在党务秘书马丁·鲍曼陪同下，坐在"狼穴"的暗室里，等候新年的降临。接连数小时，希特勒保持着同一个姿势，毫无表情的脸上，只有一双眼睛偶尔眨一下，发出幽幽的光。

希特勒是个不见棺材不掉泪的人，尽管德军防线已是千疮百孔，他仍然想着进攻。希特勒命令A集团军群从高加索撤退时不可后撤太多，并要不时突击苏军；顿河集团军群要为解救第六集团军创造条件，一些关键地段要死守；第六集团军仍然留在斯大林格勒，等候来年春天卷土重来。

昏暗的灯光把希特勒佝偻的身躯投射在墙上。天渐渐发亮，马丁·鲍曼早就趴在桌子上睡着了，脚下希特勒的爱犬变得烦躁不安，它在室内太久了，想去外面活动一下。

希特勒仍然纹丝不动，他头痛欲裂，眩晕症又犯了。眼下正是隆冬，暗堡外飘起了雪花，天地间白茫茫一片。他叫醒鲍曼，让他牵着狗到外面溜达溜达，他自己把门窗关得紧紧的。经过一夜苦思冥想，希特勒终于打定了主意：当前最要紧的是给保卢斯鼓劲、打气。

同一个夜晚，身在克里姆林宫的斯大林也是难以入眠，因为好消息接踵而来。西南方面军和沃罗涅日方面军在歼灭了意大利军团后，从 12 月下旬直插德军后方。尤其是巴达诺夫指挥的坦克第二十四军进展神速，5 天内向前推进了 200 多公里，如一把尖刀插入德军占据的重镇塔钦斯卡亚。机场上停留的 300 多架飞机还未起飞就被苏军缴获了。苏西南方面军和沃罗涅日方面军已经挺进到新卡利特瓦—威索奇诺夫—别洛沃茨克—伊列英卡—切尔内什科夫斯基一线，解放了 1246 个居民点，全歼意大利 5 个师、3 个旅，击溃 6 个师，德军 4 个步兵师和 2 个坦克师遭到重创。苏军俘虏德军官兵 6 万多人，缴获飞机 368 架、坦克 176 辆、火炮 1927 门。

1943 年元旦，深陷重围的保卢斯收到了希特勒亲笔签署的电报。希特勒在电报中再次强调，德国决不会让伏尔加河的勇士们听天由命，他们有办法来帮助第六集团军突围。类似的保证已经失去了往日的效力，尽管战斗仍在继续，但继续战斗下去是否适当已经成为一个问题。

这一天，苏军顿河方面军接到大本营的命令后，立刻修改了"指环"作战计划。1943 年 1 月 4 日，最高统帅部批准了"指环"作战计划。最终确定的方案是苏军由西向东突击，肢解被围德军，消灭包围圈西南突击部德军为战役第一阶段。第二阶段继续分割被围困的德军，将其各个击破。"指环"作战计划定于 1943 年 1 月 10 日开始。

1 月 8 日，苏军顿河方面军向德军第六集团军司令保卢斯发出最后通牒。清晨，顿河方面军司令部参谋斯梅斯洛夫作为特使，在翻译佳特连科大尉协同下，穿越德军阵地，将最后通牒交给了前沿德军军官，让他转交保卢斯，最后通牒全文如下：

围困在斯大林格勒城下的德军第六集团军司令保卢斯上将并各位副司令官：

德军第六集团军和第四装甲集团军各兵团及其配属的加强部队从1942年11月23日起，陷入了完全包围中。

我军已将你们团团围住，并且还有足够的预备力量。希特勒派兵从南面和西南面发动进攻以挽救你们军队的一切努力都是徒劳的。急于援助你们的部队已经被我们的红军击溃了，其残部正向罗斯托夫撤退。为你们运送少量食品、弹药和燃料的德军运输航空兵被我军胜利的急速推进逼得经常转场或从远处飞往包围圈。况且，德军运输航空兵被苏联航空兵打得伤亡惨重，飞机和机组成员也都受到重大损失，所以他们对被围部队的援助是不可能实现的。

你们被围部队的处境将越来越艰难，你们忍受着饥饿、疾病和寒冷的折磨。苏联的严冬已经降临，冰冷的空气，刺骨的冷风和暴风雪就要来临，可是你们的士兵还没有过冬的棉服，又置身于有害健康的环境中。

作为司令官，您及被围部队的军官们非常清楚：突围是不可能的了，你们的处境不可救药，继续抵抗除了丢掉性命没有丝毫价值。

既然你们已经处在走投无路的境地，为避免不必要的伤亡，希望你们认清形势，接受下列投降条件：

1. 以您和您的司令部为首的所有被围部队停止抵抗。

2. 您要有组织地将全体部队、武器、所有技术兵器和军用物资完好无损地交给我们。

我们会确保所有放弃抵抗的军官和士兵们的生命安全，战后也可以返回德国或按战俘本人愿望选择去向。保留受降部队全体人员的军服、符号、勋章、个人物品和贵重物品，并且保留高级军官的冷兵器。投降军官和士兵将很快得到正常饭食和保暖的衣服，所有伤病员和冻伤者将得到治疗。

请您派一名代表于 1943 年 1 月 9 日 15 时整乘坐挂有白旗的轿车，沿康内会让站—斯特卢班站公路，将书面形式的答复送来。

1943 年 1 月 9 日 15 时，你们的代表将在 564 会让站东南 0.5 公里的 B 区受到我国军官代表们的迎候。

如果你们拒不投降，红军和红军空军部队将被迫全歼被围德军，一切后果你们承担，特此警告。

红军最高统帅部大本营代表、炮兵上将　沃罗诺夫

红军顿河方面军司令　罗科索夫斯基中将

给德国人下最后通牒，这在二战爆发以来还是头一回。德第六集团军司令保卢斯接到苏军最后通牒后，立即召集集团军各军军长商议。保卢斯在办公室不停地走来走去，此刻他就像一只关在笼子里的猛兽，头脑乱哄哄的，昔日矜持自信、坚定沉着的风度已荡然无存。从 1942 年 7 月中旬攻打斯大林格勒以来，至今不过半年时间，竟落到如此下场，这是他始料不及的。正在这时，参谋长施密特少将走进屋里，他铁青着脸，手里拿着一张纸。保卢斯接过一看，倒抽一口冷气，隔了半晌才回过神来："通知各军军长马上到总部开会。"

◎ 为元首疯狂到死

德步兵第五十一军第七十九师工兵营营长韦尔茨从他的同乡师作战科长那获悉军长被紧急召见去开会时，就立刻猜到总部的这次会关系重大，说不定与早晨苏军飞机散发的传单有关。

今天清晨，韦尔茨忍着饥饿去查哨。此时，空中传来飞机引擎声。那是苏军的飞机，他立刻卧倒。那飞机转了几圈后飞走了。他觉得奇怪，突然发觉空中有无数张纸片在迎风飞舞，四下飘散。快落到地面上时，韦尔茨注意到那些纸片红、绿、黄、蓝各种颜色都有，他拾起落在脚边的一张彩纸，啊，原来是苏军传单，最后通牒。他惊恐地看看四周，见没人发现，就悄悄地把那张传单塞进怀里。

去年 10 月初，韦尔茨大尉率工兵营调到斯大林格勒攻打红十月工厂时，他是一个趾高气扬、盛气凌人的纳粹分子，他是希特勒所喜欢的那一类理想军人。进攻受挫后，他依然对胜利充满了信心，就是被苏军包围的最初几周，他虽然意识到局势严重，但仍然十分镇定。他指挥士兵修筑工事，向大家鼓劲："别泄气，元首一定会来拯救我们的。"他相信希特勒会用更大的包围圈来包围苏军，变"形式上的失败为辉煌的胜利"。

去年 12 月中旬，"曼施坦因要来了"就像口令瞬时传遍军营，包围圈中的德军士兵如盼救星般翘首以待，反复念叨着曼施坦因拍给第六集团军的电文："坚守住！我马上派人去拯救你们！"然而，援兵没来，曼施坦因又退向了罗斯托夫。

沮丧失望的情绪在德军士兵之间传染开来，韦尔茨也开始消沉起来。看地图时，他发现集团军主要基地塔钦斯卡亚已经成了战场。军火库被炸，飞机被缴获，他血管里的血都快凝住了。

这时他才感到可能要失败了。集团军已与外界断绝了联系，各分队弹药和粮食补给实际上已停止供应，每天每人只发 100 克面包片。大家饿得眼冒金星，开始杀马、杀狗、捉猫、吃树皮草根，凡是能产生热量的物品都往肚里塞。然而，仍然解决不了问题，身边的人一个个都快饿死了。

每天夜里，韦尔茨和士兵们一起围坐在土屋里，倾听着空中飞机的引擎声，猜想这一回该有多少德军飞机飞来，真想饱饱吃一顿，可每一次都落空了。

圣诞那天，士兵们一早就盼望着圣诞礼物。到了黄昏，屋门口有人喊道："快来呀，元首送圣诞礼物来啦。"大家一听，立刻拥了过去。可是，打开箱子一瞧，是不能充饥的贺卡。要在过去韦尔茨看到这些由元首亲笔签署的精致的贺卡会奉为宝贝，可这会儿他连一点兴致都没有了。晚上，躺在屋子的角落里，又冷又饿，他把那张精美的贺卡撕成碎片，一行眼泪流了下来。

在斯大林格勒西边几里的皮特姆尼克机场，一架 Tu-290 运输机刚起飞就突然失去平衡翻转过来，在跑道尽头烧了起来。一架 He-177 式飞机在空中盘旋。德第十四装甲军军长胡贝中将的脸紧贴着舷窗，心情紧张地注视着跑道，他看见下面的德国人在激动地挥舞着手臂，这说明皮特姆尼克还未陷落。

飞机着陆了，机场里一片忙乱，士兵们拥了上来卸下各种物资，同时，跑道一边的伤员神情激动地看着这一切，再过几分钟，他们就要被送回国。

胡贝走下飞机时，与机长打了招呼，机长喊道："祝你好运。"一小时后飞机轰鸣着飞走了。

机场乱作一团，堆满了刚卸下的货物，胡贝知道，这些物资是远远不够的。这次回柏林，他代表第六集团军向元首汇报了被围德军的困境，如果不是军务在身，他真想找个机会留在柏林。

机场上人来人往，可他竟没有找到一部小车回司令部。他知道这是近来保卢斯司令官发布了一道命令，所有燃料全部归集团军参谋长施密特管理，结果被围德军不仅士兵打火机无法点燃，连军长的汽车用油也没有保障。胡贝没办法，只能搭一辆邮车回去。

司机是一个 20 岁的上士，他看看胡贝肩上的牌子，爽快地同意了。车子却在一交叉口停了下来，上士连招呼都来不及打，跳下车朝路边跑去。

那里围了一群人。胡贝定神细看，只见人群中躺着一匹倒毙的马，周围的人正用军刀、匕首在死马上割着一块块血淋淋的肉。由于气候寒冷，死马早已僵硬，割起来挺费劲。上士司机也挤进圈里，用匕首熟练地在马腿上割下一块四五磅重的肉，用铁丝穿着在篝火上烧烤。这时，他才想起向车上的胡贝将军打招呼，他抱歉地对他笑着，让他下来一起聚餐。

看得出周围的士兵早就饿坏了，有好几天没好好进食了，没等篝火上的冻马肉烤熟，就一个个把半生不熟的冻肉往嘴里塞，狼吞虎咽地大嚼起来，就像吃的是山珍海味。胡贝觉得一阵恶心，国内的人无论如何也想象不出前线的德军会吃血淋淋的冻马肉。然而，元首的命令是不能违抗的，这次他是带着元首的嘱托返回包围圈的。

上士大嚼了一顿马肉后，回到车上情绪高涨起来，边开车边哼着小调，对胡贝说："只要天天有这么一顿马肉吃，在包围圈里坚持几年都不成问题。"胡贝无言以对，默默地看着车外。

一月的白昼越来越短，下午3点刚过，天色就变昏暗了。总算到了古姆拉克，在苍茫暮色中，胡贝心事重重走进第六集团军司令部。此时，会议刚开不久。参谋长施密特把苏军最后通牒一事做了通报，与会者正议论纷纷，胡贝带来了元首的指示。保卢斯接过胡贝郑重其事递来的文件，只看了一眼，就恭敬地立正宣读起来，各军军长垂手倾听着。

希特勒在指示中说，为解救第六集团军将在哈尔科夫地区集结坦克重兵集团。希特勒的指示令在场的第六集团军军官们的精神重又振作起来，个个变得慨慷激昂。

"我们决不投降！"

"为了帝国的荣誉，为了元首，战斗到底！"

"好——"保卢斯情绪亢奋地喊着，"几小时前，我们将苏军的最后通牒向大本营做了汇报。现在答复刚刚收到，全文如下：'不许投降，集团军每坚守一天，对整个前线都是一个支援，能牵制敌军几个师的兵力。'我命令，立刻将大本营来电通过无线电告知全军。第六集团军全体同人一定要振奋精神，为军人的荣誉而战，为第三帝国而战！"

一阵赌咒发誓般的喧闹声过后，军官们各自散去。

第七章　末日来临

苏军炮兵接到攻击命令后，所有炮火一齐轰鸣。经过 3 ~ 5 分钟的猛烈炮击后，德军一个个从掩体、地下室和坦克后面爬出来。有的奔跑着，有的跪在地上，发疯似的向上举着双手。

◎ 高密度炮击

1943 年 1 月 10 日清晨，苏军最高统帅部代表沃罗诺夫、顿河方面军司令员罗科索夫斯基来到第六十五集团军司令部。担任主攻的第六十五集团军司令员巴托夫看了好几次表。

罗科索夫斯基理解巴托夫的心情，这会儿身经百战的他手心微微出汗，目光紧紧盯着桌上的作战图。主要突击方向：马利诺夫斯基突击部，由第六十五集团军主攻，第二十一、第二十四集团军助攻。在齐边科以南，第六十四、第五十七集团军向巴萨尔基诺、新罗加哥克会让站发起攻击，第六十六、第六十二集团军从叶尔佐夫卡西南地区向戈罗季谢发动进攻。

罗科索夫斯基把目光投向观察所外。湛蓝的天空下，皑皑白雪在阳光下闪烁着耀眼的光芒。第六十五集团军集结在一片树林中，那里没有枪炮声，也没有鸟鸣声，呈现出一种特有的宁静。

罗科索夫斯基知道，那里潜伏着一排排望不到尽头的炮兵。为了这次进攻，他给第六十五集团军增派了 25 个加强炮团、8 个近卫迫击炮团和 4 个重炮旅。在部队突击正面，大炮密度高达每公里 338 门，这在 1942 年的战场上是少有的。他回过头的时候，正好与沃罗诺夫目光相遇，两人相视一笑。

巴托夫再一次看表，秒针指向 8 时 05 分。巴托夫发出攻击命令，大地被数千门大炮雷鸣般的轰击震得发抖。德军前沿顿时浓烟滚滚，遮天蔽日。硝烟里，天上的太阳也变得灰蒙蒙的。9 时，炮火向德军阵地纵深延伸。田野里响起成千上万人惊天动地的"乌拉"声，步兵开始冲锋。

德军第一道堑壕被攻占，战斗向纵深扩展。日落前，第六十五集团军已深深揳入德军防御阵地 1.5~4.5 公里，其他集团军也突破了德军主要地带的防御。此后两天，苏军继续扩大战果，第六十五、第二十一集团军前出至罗索什卡河西岸和卡尔波夫卡一带。在南部作战的第五十七、第六十四集团军虽然遭到德军疯狂反扑，也进抵卡拉瓦特卡山谷和切尔夫连纳亚河南岸。皮托姆尼克机场已陷入了苏军围困之中。为了切割马里诺夫斯基突出部，苏、德两军血战了三个昼夜。

1 月 12 日，苏第六十五、第二十一集团军前出至罗索什卡河西岸和卡尔波夫卡地区。在其他地段，苏军同样顶风冒雪，迎着德军的密集火力，冲破其防线。在苏第五十七集团军的进攻地带，萨菲乌林上校指挥的第三十八步兵师在黎明前占领了沃罗波诺沃附近的德军机场，缴获了 18 架完好无损的飞机，俘虏了躲藏在掩蔽部的机场人员。

午后，德第六集团军司令保卢斯办公室的电话急促地响了起来。

"报告司令，皮托姆尼克机场附近发现了苏军！"

"什么？"保卢斯一听就急了，这个机场可是集团军的命根子，无论如何不能失去，"一定要给我守住，援军马上到！"

　　放下电话，保卢斯在地图前犹豫再三，已答应派兵救援，可援兵在哪里呢？现在各个防线都很吃紧，哪有援军可派。再说，部队缺弹药、燃料，大炮又不能肩扛，坦克又开不了，士兵们饿得半死不活。

　　保卢斯在绝望中只能向最高统帅部大本营发报求援："敌军主力从西、北、南三面冲破了我军防线，矛头指向卡尔波夫卡和皮托姆尼克。第四十四和第七十六步兵师遭受严重打击，第二十九机械化师仅有一部分有战斗力的部队。恢复态势没有任何希望，德米特里耶夫卡、齐边科和拉科季诺被迫放弃了。"

　　大本营的答复很快从东普鲁士传来，没有提供任何援助和措施，有的只是指责。

　　你们无论如何也要守住齐边科、卡尔波夫卡、罗索什卡。全力坚守皮托姆尼克，不要让敌军攻占。想尽一切方法夺回齐边科。集团军司令官将你们的反攻计划上报最高统帅部大本营，并要说明未经陆军参谋总部允许擅自放弃齐边科的原因。

　　保卢斯收到这份荒谬的电文后，气得当场骂了起来。发泄了一通后，保卢斯又重新拿起电文，他发现电文中每一个字都透露着杀机。他把作战参谋叫来："命令部队不惜一切代价死守阵地，凡是丢失的阵地都要想办法夺回来！"

　　这个时候，保卢斯的命令形同虚设。德军阵地在不断丢失，已经没有能力再夺回来了，第六集团军难逃覆灭的命运。不过，苏军的进攻仍然遭到了德军的顽强抵抗。

1月13日，苏近卫第十五师第四十四团在进攻切尔夫连纳亚河东岸的德军时，遭到顽强阻击。德军依据岸边陡峭的地形，用机枪疯狂扫射苏军的前进通道。第二营奥西波夫和别雷赫身先士卒，抢在队伍前面把一捆手榴弹缚在腰上，匍匐着向德军的火力点爬去。战士们用机枪掩护着他们。奥西波夫和别雷赫利用河岸边的石块迅速前行，一个侧身滚分别来到德军2个火力点前沿，举起手榴弹扔了过去。德军的机枪哑了，两人也中弹牺牲了。

红军战士们正要冲锋，德军的第三个火力点又喷出了凶猛的火焰。机枪手谢尔久科夫勇敢地冲上去，迅捷地扔出两捆手弹，硝烟四起。德军的机枪架在两块巨石凹瘪处，依旧肆无忌惮地扫射。不能再犹豫了，谢尔久科夫起身扑向德军机枪，用负重伤的身体堵住了机枪眼。战士们趁机发起冲锋，终于将暗堡中的德军全部消灭。

德军士兵在休息

1 月 13、14 日，苏军变更了部署，加强了第二十一集团军的力量。德军尽管在罗索什卡河地区进行了顽强抵抗，仍然没能阻挡苏军进攻的步伐。苏军坦克部队后面紧跟着炮兵，一边战斗一边强渡。德军丢掉重型武器和军用物资，顶风冒雪仓皇撤退。比留科夫指挥的苏步兵第二一四师占领了 1 号国营农场后，继续向前推进，在小罗索什卡将德军赶到冲沟，并将其退路切断，俘获了大量人员。

　　当时住在卡尔波夫卡的德国作家魏纳特在 1 月 14 日的日记中写道："攻势猛烈地进行着。我们听说，包围圈的西部已被一个从罗索什卡小河谷北面一直伸到卡尔波夫卡的大楔子拦腰切断。德米特里耶夫卡、阿塔曼斯卡亚和卡尔波夫卡被攻克了……到处是一片狼狈不堪的景象。法西斯分子丢下一切，甚至抛弃了他们的伤病员，只顾自己仓皇逃窜。卡尔波夫卡村就像一个大集市。满眼看去，四处可见倾倒的大炮，毁坏的坦克，横在路中的大卡车。许多抢来的东西，企图装到能够开动的汽车上，最终因仓皇逃命留下了一大半，甚至连机枪都扔下不要了。成堆的枪弹、炮弹和炸弹到处都是。"

◎ 不许投降

　　1月15日，苏联最高统帅部大本营发布命令晋升顿河方面军司令员罗科索夫斯基为上将。苏军占领了大罗索什卡、巴布尔金和阿列克谢耶夫斯基一线，占领了皮托姆尼克机场。正如魏纳特在日记里写的那样，溃败的德军丢下了毁坏的大炮、坦克、汽车以及许多掠夺来的货物。

　　德第六集团军司令部被迫从古姆拉克撤往斯大林格勒城内，保卢斯的部下又开始烧毁公文，然后分乘几辆幸存的汽车出发了。一群群饿得面黄肌瘦的德军士兵和伤员像幽灵一样缓慢地往前移动。苏军坦克正在逼近，保卢斯明白自己的士兵不是倒毙途中就是被敌军俘虏，但是他已经自顾不暇，只能带着司令部随员逃窜。这一次，保卢斯对他的下属没有任何怜悯，因为他明白自己也逃不远，等待他的是西伯利亚的战俘营。

　　皮托姆尼克机场失陷后，德机曾在古姆拉克备用机场着陆，负责空运的德军第二十七"伯格"轰炸航空团第三大队大队长蒂尔少校于1月19日驾机飞进包围圈。降落时，他的飞机遭到苏军炮火的猛烈袭击，飞机被打坏，飞行员被打死。与他同来的 6 架飞机均被击落。大难不死的蒂尔在第六集团军司令部强调空运的难度，"这种情形下，飞机已经无法着陆了"。

"飞机不能着陆，"保卢斯心绪愁苦地说，"就等于宣判第六集团军死亡。当士兵们向我伸出手，乞求道，'阁下，给我一片面包吧'，我身为集团军司令，该如何回答呢？当初空军为什么信誓旦旦地说空运没问题？当时还有突围的可能，可是现在什么都晚了。"

保卢斯继续说："我是一个将死之人，像是在另一个世界说话，我这个要死的人对战争已不关心了。"

愤怒与绝望感动了蒂尔，但他也无能为力，只能将空运物资从空中直接投进包围圈，大量的面包和弹药却便宜了苏军。

1 月 17 日，苏第六十四、第五十七、第二十一、第六十五、第二十四集团军分别推进至斯大林格勒的接近地，占领了大罗索什卡、冈恰拉村和沃罗波诺沃一线。环形包围战线的总长为 110 公里，而它的纵深从西到东缩短了 33 公里，包围区的总面积减少了 800 平方公里。向东撤退的德军占领了内围廓，继续负隅顽抗。

1 月 18 日，沃罗诺夫晋升为苏联炮兵元帅。他决定亲自研究被围德军的真实情况，每天抽出两三个小时审讯被俘的德军将领。除此之外，他还想知道德军是如何评价苏顿河方面军的地面火力和高炮火力的。从被俘者的口供中得出，被包围的德军，越来越不信任希特勒。为了加强对德军士兵的监督，部分德军军官住进了士兵住的地窖。

鉴于此，苏军最高统帅部代表、炮兵元帅沃罗诺夫和顿河方面军司令员罗科索夫斯基上将决定发动全线进攻，全歼被围的德第六集团军。此次兵力部署如下：第二十一集团军向古姆拉克、红十月村发动总攻，第六十五集团军右翼部队配合第二十一集团军在亚历山大罗夫卡、红十月村北边实施突击，第二十四集团军从西边发动进攻，第六十二和第六十六集团军在合围地区的东北部发动进攻。此次突击计划得到苏联统帅部和斯大林的赞许。

到了这个时候，被围德军还在想方设法吓唬自己的部队，不许官兵谈论投降事宜，企图用救援来鼓舞部队的士气。第六集团军司令保卢斯在一份命令中写道：

最近一段时间，敌军多次想跟第六集团军及其下属部队进行谈判，其目的是想通过谈判削弱我军的抵抗意志。

大家都清楚，我们一旦停止抵抗，将会受到什么样的威胁。我们中的大部分人不是被敌人的子弹打死，就是在西伯利亚的俘虏营中饿死、冻死或被折磨死。不过有一点非常清楚：投降之人将永远见不到自己的亲人。

我们只有一条路可走，那就是在严寒和饥饿中向敌人射出最后一颗子弹，战斗到最后一口气。所以，不管什么谈判，我们都不予理睬，一概拒绝。用我们的子弹赶走敌军的谈判使者，我们的希望应寄托于正在赶来救援的部队身上。

第六集团军司令官 保卢斯

1月19日，为了实施全线进攻计划，苏顿河方面军做了重新部署。

1月20日，保卢斯向顿河集团军群司令部和最高统帅部大本营再次发出请求："粮食、燃料和弹药发生了灾难性的困难，部队战斗力急速下降，16000名伤员得不到任何护理，士兵们已经开始精神崩溃。我代表第六集团军再次请求给予行动自由的权力，趁现在还能继续战斗，就继续抵抗下去，如果不能继续战斗，就停止不可能进行的战斗。"

希特勒给保卢斯的回电如同一盆冷水浇了下来："不许投降！部队应执行自己的历史任务，抵抗到最后一刻，以便促进在罗斯托夫及其北面建立起新的战线及高加索集团军群撤出。"

根据希特勒的要求，被围德军继续坚守所占领的区域，并在奥尔洛夫卡—古姆拉克—佩斯昌卡一线构筑起工事，以原来的内围廊为屏障集结自己的所有预备队。被围德军在成千上万地死亡，这种无意义的抵抗连他们自己也看得越来越清楚了。

1月22日，苏军再次敦促保卢斯集团投降，在遭到拒绝后，发起了全线进攻。苏军在第六十四、第五十七、第二十一集团军进攻的22公里地带内，集结了4100门大炮，突击火力高度密集。炮群发出了惊天动地的怒吼，天地间充溢了震破耳鼓的巨响，瓦砾、铁丝网被掀到空中，德军阵地被轰塌了。

1月24日，保卢斯用无线电向希特勒报告，请求允许所属部队投降。

据军情处和同我保持联络的指挥官们的报告，我部当前的形势如下：所有部队弹尽粮绝，通信联络中断，我们只能联系到6个师。南线、北线和西线部队纪律松弛，难以统一指挥。东段情况最为严重，1.8万名伤员因缺少包扎器材和药品得不到最起码的救护。第四十四、第七十六、第一〇〇、第三〇五和第三八四步兵师已全军覆没。因敌军突破许多地区，战线已是千疮百孔，只是在城区有一些支撑点和防御工事。如此看来，继续抵抗只会徒增伤亡，没有任何意义，其结局只能是覆灭。为了挽救还活着的人，请即刻准许我部投降。

保卢斯

1月25日，希特勒的回电依旧是："不许投降！部队务必坚守阵地，战斗到最后一个人，最后一颗子弹！"希特勒口气之坚决，显然没有回旋余地。作为军人的保卢斯只能服从，决定继续执行希特勒的命令，但是他明白执行这样的命令，无非是在毫无意义地拖延时间和制造无谓的流血牺牲。

◎ 走向末日

1月25日，苏第六十五集团军占领了支撑点亚历山大罗夫卡、戈罗季谢。苏第六十四和第五十七集团军从斯大林格勒南部发动进攻后，冲破了德军的内围廓，消灭了库波罗斯诺伊、耶利善卡、佩斯昌卡、沃罗波诺沃车站、阿列克谢耶夫卡村、萨多瓦亚车站的卫戍部队，继续向东和东北方向推进。

此时，苏军将保卢斯的第六集团军分割成南、北两块。城北德军有3个坦克师、1个机械化师和8个步兵师的残部；城南德军只剩下2个机械化师和1个骑兵师和6个步兵师的残部。保卢斯任命步兵第三十一师师长罗斯凯为南部集群司令，第十一军军长施特列盖尔为北部集群司令。

苏军肃清残敌的战斗打响了，德军士气沮丧，成批成批地缴械投降。德国作家魏纳特在日记中描述了当时的战场情形：

包围圈内，法西斯军队的残余势力彻底崩溃了。希特勒的第六集团军集结在斯大林格勒城边和戈罗季谢。草原上空，火光不停地闪耀着，数百门大炮一齐发射，炮声震耳欲聋。

离斯大林格勒越近，景象就越惨不忍睹。德军尸体横七竖八地躺在地上，有的甚至变成了掩体。路边到处是蜷伏着或躺着冻死的人，这些人在撤退时早已筋疲力尽，倒下后就再也站不起来了。在一块写着"通往斯大林格勒"的牌子下面躺着一个不知何时死去的士兵，他紧紧抱着这块路牌。在通往冈恰拉村的峡谷内，到处是被击毁和焚烧的坦克和汽车，飞出去的坦克车盖和炸毁了的火炮阻塞了道路，到处是尸体和人的断骨残骸。

我们后面的峡谷里，炮声隆隆，轰击着斯大林格勒城内的最后一批防御工事。"卡秋莎"火箭炮的呼啸声极其恐怖，它们在摧毁了一个个防御阵地后，也摧毁了一颗颗打算逃跑的心。

1月26日清晨，苏第二十一和第六十五集团军对德军实施了决定性的打击，苏第六十二集团军配合作战，在突击对面边作战边向前推进。当天上午，从西部发起进攻的第二十一集团军同从东部发动进攻的部队在红十月村以南和马马耶夫岗会师。第六十五集团军右翼部队发起夺取红十月村的战斗，并于次日占领了该村南部地区。这样，斯大林格勒市区的德军就被分割成两部分：南部被钳制在斯大林格勒市中心，北部被压缩在街垒工厂和拖拉机厂地区。

在城南，被苏第六十四、第五十七、第二十一集团军合围的德军只剩下6个步兵师、2个机械化师和1个骑兵师的残余部队；在城北，被苏第六十二、第六十五集团军合围的是3个装甲师、1个机械化师和8个步兵师的残余部队。

苏军顿河方面军向斯大林报告:"我军攻击顺利,向前推进了 10 ~15 公里,占领了占姆拉克、亚历山大罗夫卡、戈罗季谢等。敌军死伤 10 万人,被包围在不足 100 平方公里的狭小地带,并被分割成南北两部分,南部被钳制在市中心,北部被压缩在街垒工厂和拖拉机厂地区。预计几天内,'指环'行动就能顺利结束。"

1 月 27 日,苏军肃清被分割的德军集团的战斗打响了。德军官兵有的在负隅顽抗,更多的是不顾上级指示,成批地缴械投降。在南部扇形区,争夺面包厂、斯大林格勒 2 号车站、达尔戈尔斯克教堂及这些地方附近的建筑物的战斗异常惨烈。苏第六十四、第五十七和第二十一集团军开始从西南和西北收缩德军南部集群的包围圈。苏第六十四集团军的左翼部队强渡察里察河后,突至斯大林格勒市中心。德军士气沮丧,越来越多的士兵放下武器成分队成建制地缴械投降。从 27 日到 29 日的仅仅 3 天内,苏第六十四集团军就俘虏了 15000 官兵,其中投降的占绝大多数。

1 月 30 日,苏第六十四和第五十七集团军分割德军南部集群后,直逼斯大林格勒市中心。第六十四集团军的左翼部队(步兵第二十九师、摩托化步兵第三十八旅和近卫步兵第三十六师)为夺取市中心与德军进行了激烈的战斗。近卫第二集团军步兵第七军和第六十四集团军步兵第二〇四师沿伏尔加河岸从察里察河河口向北突击,第二十一集团军从西北实施进攻。

布尔马科夫上校指挥的苏军摩托化步兵第三十八旅向阵亡战士广场挺进时,遇到罗蒙诺索夫街两座楼房内的德军的顽强抵抗。从一个俘虏的口供中得知这些楼房是通往百货商店接近地上的支撑点,百货商店的地下室是第六集团军的司令部。突击分队在向阵亡战士广场冲击的同时，要先消灭楼房里（这里之前是斯大林格勒州党委和州执委所在地）及其邻近房屋里的德军。苏军俘虏了守卫市剧院和苏维埃宫的德军残余部队，彻底肃清了广场的德军部队。

夜间，苏摩托化步兵第三十八旅在工兵第三二九营的配合下，包围了百货商店大楼。天亮时，切断了通向百货商店大楼（第六集团军司令部）的所有电话线。

1月31日凌晨，保卢斯闷闷不乐地坐在地下室的行军床上，隔壁电报室传来"嗒嗒嗒"的键盘声。参谋长施密特走了进来，交给他一张字条，轻声说："司令官阁下，祝贺您荣升元帅，并获得帝国最高勋章。"

保卢斯当即回电："为了元首和祖国，我将坚守岗位，战斗到一兵一卒、一枪一弹！"

希特勒对第六集团军采取的最后一次实际行动，是把远程战斗机派到斯大林格勒上空，对濒临死亡的德军一再广播他在国内的演讲："在这场战争中，上帝是站在我们这边的。我们不怕流血，有朝一日，每一块新的土地将为倒下的人开满鲜花。胜利一定属于我们条顿国家，我们日耳曼民族！"

7时30分，保卢斯向希特勒发去一份电报，也是最后一份电报："我们在掩体里聆听元首的公告。向国歌敬礼，也许这是最后一次了。"紧接着，他补充了一句："敌军正在门外，我们在激战，请不要联络，我正在毁坏电台。"

随后，信号便中断了。

这个时候，一名翻译按照参谋长施密特的指示从百货商店地下室走出来，拿着白旗向停在胡同里的苏联坦克走去，并对坦克车长说，德军指挥部打算同苏军指挥部谈判。苏军坦克手马上通过无线电同自己的指挥官取得联系。

苏军摩托化步兵第三十八旅指挥部作战处处长伊利琴科上尉和梅日尔科中尉及几个冲锋枪手一起来到百货大楼附近，走进地下室。后边跟着的是莫罗佐夫大尉、格里岑科大尉和雷巴克大尉，再后面是副旅长维诺库尔中校及其他人。

德第六集团军司令部参谋长施密特中将和被围部队南部集群司令官罗斯凯少将在地下室接见了苏第六十四集团军的代表。他们宣布准备进行谈判，但正式谈判将同顿河方面军司令部的代表进行。

伊利琴科上尉通过电话向旅长布尔马科夫上校报告了谈判的过程，旅长立即向第六十四集团军司令员舒米洛夫将军汇报。舒米洛夫为谈判指定了以集团军司令部参谋拉斯金少将为首的代表团。

8时，苏摩托化步兵第三十八旅的一些军官到达德第六集团军司令部。8时15分，苏第六十四集团军司令部作战处处长鲁金上校、集团军司令部侦察处处长雷若夫少校、集团军司令部政治副参谋长穆托文中校随即到达。

德方参与谈判的有：第六集团军司令部参谋长施密特及其副官，南部集群司令官罗斯凯及其参谋长，翻译和参谋人员，共7人。他们起立欢迎苏方代表团，并相互做了自我介绍。

苏方代表团要求去见集团军司令保卢斯元帅，德国翻译代表施密特回答说，保卢斯住在一间单独办公室，现在已不指挥集团军，因为集团军被分割成独立的作战集群。

苏方代表团向施密特和罗斯凯发出最后通牒，要求德军南部集群马上停止抵抗，彻底投降。德方表示接受投降条件，几乎在所有地段的德军都放下了武器，只是在德军司令部南 600~700 米远的一个学校地域，被苏军半包围的一个连还在抵抗。根据鲁金上校的指示，苏第六十四集团军侦察处处长雷若夫少校前往军人服务社楼前的这个连所在地。

雷若夫在 3 名德军的陪同下，乘车来到防御前沿阵地。到达苏军哨所后，雷若夫命令停火。当汽车靠近学校楼时，他把一个负责防御的德军军官叫出来，向他转达了罗斯凯关于马上停止抵抗的命令。德军立即执行了这个命令。扫除了德军南部集群的支撑点后，9 点多钟，苏方代表团来到了罗斯凯的司令部。

苏方代表团到达百货商店地下室后，过了 40 分钟，集团军司令部参谋长拉斯金少将来到这里。他再次向德军宣布了投降条件并要求南部集群司令官罗斯凯少将签署停火和投降命令。罗斯凯答应了这些要求。当拉斯金将军建议保卢斯向德军北部集群下达投降命令时，他回答说，自己无权下达这样的命令。

12 时，德第六集团军司令保卢斯元帅、参谋长施密特以及罗斯凯和其他德军军官被送至苏第六十四集团军司令部所在地别克托夫卡。

19 时，苏第六十四集团军司令员舒米洛夫将保卢斯等人送往顿河方面军司令部。

由于保卢斯拒绝给第六集团军的北部集群下达投降命令，苏军只好用武力消灭。苏第六十二、第六十五和第六十六集团军负责执行这次作战行动。在他们的突击下，德军向斯大林格勒城北逃窜。

苏军炮兵经过充分的炮火准备后，猛烈轰击德军的残余势力。苏军炮兵部队将大炮配置得非常密，有的地方简直是一门挨着一门。加农炮分成两排，第二排又分成几层。苏军集团军观察所设在环形铁路的路基上，炮队镜安装在下面的枕木中间。罗科索夫斯基、沃罗诺夫、捷列金、卡扎科夫都来了。大家都想看看炮兵的强大威力。

　　炮兵部队接到攻击命令后，所有炮火一齐轰鸣。经过 3~5 分钟的猛烈炮击后，德军一个个从掩体、地下室和坦克后面爬出来。有的奔跑着，有的跪在地上，发疯似的向上举着双手。有的人重新跑回掩蔽部，躲藏在滚滚浓烟和飞扬的石块中，随后又跑了出来。炮火袭击是在 3 个集团军的进攻地段同时进行的，空军同时实施了轰炸。德军官兵无处可藏，只得缴械投降。

　　2 月 2 日，德军斯大林格勒北部集群在市工厂区投降。施特列盖尔指挥的 4 万多名德军官兵放下了武器。至此，伏尔加河岸的战斗结束了。

◎ 英雄之城

2月2日16时，苏联统帅部代表沃罗诺夫和顿河方面军司令员罗科索夫斯基向最高统帅斯大林报告："顿河方面军执行了您的命令，完成了击溃和消灭斯大林格勒方面被围的敌军集团的任务……斯大林格勒城内和斯大林格勒地区的战斗顺利结束。"

沃罗诺夫、罗科索夫斯基签署完最后一份呈报最高统帅斯大林的战况报告后，顿河方面军指挥所驻地扎瓦雷基诺已是一片欢腾。

红十月厂一座毁坏的大楼里，第六十二集团军司令部的人员也在尽情地为胜利狂欢着，司令员崔可夫神色激动地望着周围一张张兴奋的面孔，喃喃自语："难道真的结束了？"他望着这座已被夷为平地的城市，到处是一堆堆烧焦的瓦砾和钢铁，他望着这座被大火吞噬的城市上空。

欢庆胜利的人群开始涌上街头，一辆辆炮塔上插着红旗的坦克从四面八方驶向战士广场、巴甫洛夫楼、马马耶夫岗、中央火车站。马达的吼叫、人群的欢呼再也不能把长眠在这里的战士唤醒了。面对这些，崔可夫的眼睛湿润了。

在莫斯科的克里姆林宫，斯大林举起酒杯向将军们纷纷祝贺，朱可夫、华西列夫斯基、伏罗希洛夫眼里闪着激动的泪花，一个个畅怀痛饮。斯大林即席发表了热情洋溢的祝酒词。

此时，全世界都在倾听莫斯科的声音："今天，1943 年 2 月 2 日，苏联顿河方面军部队彻底肃清了被包围在斯大林格勒北部的敌军，迫使其放下武器，最后一个抵抗基点被粉碎了。苏联最高统帅斯大林发布命令，对顺利完成围歼德第六集团军任务的顿河方面军进行嘉奖，具有历史意义的斯大林格勒大会战以我军的全面胜利而宣告结束。"

斯大林格勒大会战中，德军共损失兵力 150 万，坦克 3500 辆，火炮 12000 门，飞机 3000 架。第六集团军残存的 9 万人，包括司令官保卢斯元帅和 23 名将军被俘。从此，苏军由战略防御转入战略反攻，斯大林格勒战役成为苏德战争的转折点。

美国总统富兰克林·罗斯福发来贺信："我谨以美利坚合众国人民的名义向斯大林格勒发去此信，以表达我们对英勇的保卫者的敬意。他们在 1942 年 9 月 13 日至 1943 年 1 月 31 日受围攻期间所表现的坚毅勇敢和自我牺牲精神将永远鼓舞着一切自由的人们，他们光辉的胜利阻止了法西斯侵略的疯狂，成为同盟国反侵略战争的转折点。"

英国首相温斯顿·丘吉尔也发来贺信，称这是一次惊人的胜利。英国国王赠予斯大林格勒这座英雄的城市一把宝剑，剑上用俄英两种文字刻着："赠给斯大林格勒坚强如钢的公民们，聊表英国人民深厚的敬意。——英国国王乔治六世敬赠。"

希特勒得到保卢斯被俘的消息后，气得暴跳如雷，暗骂他不能杀身成仁，表面上却假惺惺地向全国发表了一份公报："斯大林格勒战役已经结束，第六集团军在保卢斯元帅的卓越领导下，忠实地履行了他们战斗到最后一息的誓言，最终为优势的敌人和不利我军的条件所压倒。"

全德国致哀4天，停止一切娱乐活动。

2月3日，也就是斯大林格勒大会战结束的第2天，顿河方面军在罗科索夫斯基的率领下跨上了新的征途。一个月后，经过休整的苏近卫第八集团军（原苏军第六十二集团军），在崔可夫的指挥下，登上了西征的列车。

2月4日，斯大林格勒人民在市中心的残垣断壁间举行了盛大的集会。他们宣誓：为了新的生活重建被战火毁灭的家园！

伏尔加河上空的硝烟渐渐散去，河岸被战火烧焦的土地开始渐渐泛绿，斯大林格勒成为苏联卫国战争的大后方。

斯大林格勒保卫战纪念馆雕塑